"互联网+"时代基于O2O的体育硕士研究生专业理论教学模式研究

加金轮 著

吉林人民出版社

图书在版编目（CIP）数据

“互联网 +”时代基于 O2O 的体育硕士研究生专业理论教学模式研究 / 加金轮著 . -- 长春 : 吉林人民出版社，2020.11

ISBN 978-7-206-16947-2

Ⅰ . ①互… Ⅱ . ①加… Ⅲ . ①体育专业—研究生教育—教学模式—研究 Ⅳ . ① G643.2

中国版本图书馆 CIP 数据核字 (2020) 第 227266 号

责任编辑：孙　昶　　刘　学

封面设计：黄伟娟

“互联网 +”时代基于 O2O 的体育硕士研究生专业理论教学模式研究

“HULIANWANG+ ”SHIDAI JI YU O2O DE TIYU SHUOSHI YANJIUSHENG ZHUANYE LILUN JIAOXUE MOSHI YANJIU

著　　者：加金轮
出版发行：吉林人民出版社 （长春市人民大街 7548 号　邮政编码：130022）
印　　刷：北京军迪印刷有限责任公司
开　　本：787mm × 1092mm　　1/16
印　　张：9.75　　字　　数：160 千字
标准书号：ISBN 978-7-206-16947-2
版　　次：2021 年 4 月第 1 版　　印　　次：2021 年 4 月第 1 次印刷
定　　价：50.00 元

前　言 / PREFACE

随着信息化时代的到来，互联网技术渗透到人们生活的各个方面，在改变现代人生活方式的同时，也对现代教育技术产生了深远的影响。将信息技术深度融合于现代教育课程中，不仅是教学手段与教学方法的改进，更是教育理念与教学结构的时代性变革，将会对未来教育发展产生重大影响。多年来，体育课堂教学一直停留在传统教学模式中，众多教学实践中的困境难以解决，将O2O教学模式引入体育硕士研究生的体育教学中，充分发挥线上教学和线下教学的互补优势，对于提高体育教学效率具有重要作用。

《“互联网+”时代基于O2O的体育硕士研究生专业理论教学模式研究》一书在内容编排上共设置六章：第一章为研究理论综述，内容包括研究背景、研究现状以及研究方法；第二章以O2O理论及其发展为核心，探讨O2O的内涵与特点、O2O产生的背景及其发展趋势、在线教育O2O的发展；第三章基于“互联网+”时代的教育教学的角度，研究“互联网+”时代教育目标的变革与人才的培养、“互联网+”时代教育课程的重构、“互联网+”时代的智能化教学；第四章分析“互联网+”时代体育教学，内容涵盖“互联网+体育”课堂教学、“互联网+”时代体育在线教育平台的使用、“互联网+”时代数字体验式体育教学、“互联网+”时代移动媒介下体育教学语境的多模态研究；第五章围绕“互联网+”时代O2O教学模式应用于体育教学的本质与模式建构、“互联网+”时代O2O教学模式对体育教学的影响、“互联网+”时代O2O体育的发展、“互联网+体育素养”线上线下培养策略，探讨“互联网+”时代O2O体育教学模式；第六章对体育硕士研究生的培养与提升策略、“互联网+”时代网络技术对体育硕士研究生教学的影响进行全面研究。

全书体系完整，视野开阔，层次清晰，而且针对性强、适用性广，紧密结合现代社会的教育发展潮流，抓紧时代脉搏，汲取时代精华，比较全面地阐释了“互联网 +”时代基于 O2O 模式的体育硕士研究生教学，不乏独到的见解。

笔者在撰写本书的过程中，得到了许多专家学者的帮助和指导，在此表示诚挚的谢意。由于笔者水平有限，加之时间仓促，书中所涉及的内容难免有疏漏之处，希望各位读者多提宝贵意见，以便笔者进一步修改，使之更加完善。

作者

2020 年 8 月

目　录 / CONTENTS

第一章
研究理论综述

随着“互联网+”时代的到来，“互联网+教育”越来越受到重视。在此背景下，O2O教学模式成为研究热点。本章对O2O教学的研究背景、研究现状与研究方法进行详细论述。

第一节　研究背景

O2O即Online To Offline（在线离线或线上到线下），是指将线下的机会与互联网结合，让互联网成为线下交易的前台。O2O原用在电子商务领域，随着“互联网+”概念的持续升温以及对各个领域不断渗透和影响，传统的教育领域也作出回应。网络公开课、慕课（MOOC）、微课、翻转课堂等都是互联网教育的新形式。虽然同样是基于互联网平台，但O2O与网络公开课、慕课与微课又有所不同，它并不是一个与慕课、微课平行的概念。与慕课相比，O2O教学模式内涵更加丰富，手段更加多样；与微课相比，它有更广泛的适用范围。①

O2O教学并不是指远程学习或在线学习，而是强调教师与学生在线上与线下

① 卞伯高，刘刚，马少辉.O2O模式下我国体育产业发展解析[J].广州体育学院学报，2019，39（5）：45-49.

的互动。它不是一种类型化的教学形式，而是利用互联网（特别是移动互联网）上的一切信息与工具进行教学互动的一种教学方法，通过移动终端的智能应用和即时通信工具就可以完成。由于这种教学模式依托移动互联网和智能终端，可以使学生充分利用碎片化的时间来进行日常学习。移动性、即时性、参与性、体验性、交互性与碎片化是 O2O 教学模式与众不同的特点。

随着教育信息化的快速发展，我国研究生教育进入了内涵式发展时期，社会多样化的人才需求对高校培养学生的质量要求越来越高，研究生教学模式正在发生重大变革，以“灌输式”为主的传统教学模式正在让步于基于互联网信息技术的“少教多学”为主的新型教学模式。在此背景下，充分利用互联网信息技术，科学定位并选择适宜的专业理论教学模式，推动体育硕士研究生专业理论课程的教学改革，提升体育硕士研究生的教育质量，便成为相关领域专家学者值得深思的问题。

第二节　研究现状

一、国外研究综述

国外对于利用互联网来学习的研究主要集中在微课程与慕课教学领域。2007 年美国人萨尔曼·可汗利用自制教学视频的方式进行互联网在线授课，并成立了在线教育非营利性网站——可汗学院。2008 年，美国新墨西哥州圣胡安学院的教授戴维·彭罗斯首创了“一分钟微视频”，其核心理念是要求教师把教学内容与教学目标紧密地联系起来，以产生一种“更加聚焦的学习体验”。2011 年，斯坦福大学的 Sebastian Thrun 与 Peter Norvig 联合开发了一门在线免费课程《人工智能导论》吸引了来自世界各地的 16 万人注册学习，随后，包括哈佛大学、耶鲁大学在内的众多高校纷纷开发了慕课课程。

二、国内研究综述

（一）体育硕士研究生教育教学的相关研究

体育硕士研究生教育教学方面的研究虽然成果较少，但是一直都有人在不懈努力着。多年来，每年都有数篇或十数篇文章在相关专业期刊公开发表，对体育硕士研究生教育教学进行探讨，主要包括《论体育硕士专业学位研究生教育的发展》《上海师大学术型体育硕士研究生培养现状与对策研究》《我国体育硕士专业学位研究生教育的问题与改革》《地方高校体育硕士专业学位研究生教学管理与运行研究》《新时期体育硕士专业学位研究生课程设置探索——现状、问题及改革设想》《体育硕士专业学位研究生教育质量保障若干问题分析》等。有关体育硕士研究生专业理论课教学模式探讨的成果还未曾见到。①

（二）体育互联网教学的相关研究

我国对互联网教育的研究在互联网进入中国时就开始了，体育教学方面的研究也在 2001 年开始出现。2005—2008 年对体育的互联网教育研究达到高峰。但由于体育的身体参与性以及教与学的不可分性特点，使得这方面的研究有很大的局限性。体育互联网教学的相关研究目前主要有两大类的研究，第一类是对体育互联网教育的设想研究，包括互联网教育开发意义、体育互联网教育的方式运用研究、体育互联网教学模式研究、体育互联网教育平台构建的研究、体育互联网教育资源整合研究、体育网络课程的设计与开发等。第二类是体育互联网教育现状调查的研究，包括基于慕课教学模式的高校体育教学模式研究、高职网络体育教学资源共享机制构建研究、对大学体育互联网教学平台的现状进行研究等。随着移动互联网和移动智能终端的全面普及，对于使用移动互联技术进行体育教育的研究开始增多，体育类移动应用的大量研发使得以往体育教学中身体参与的局限性得到一定程度的突破，互联网体育教学的方法手段创新方面的研究进入了研究者的学术视野。

（三）O2O 教学的相关研究

针对 O2O 这种强调线上与线下互动的教学模式的研究，是在 2014 年才开始的，主要集中在：O2O 教学模式的设计与特点研究、O2O 教学模式在教学中的应用研究、O2O 教学模式教学团队的运行机制研究、O2O 教学模式的平台构建

---

① 曾中镛 . 网络技术对高等院校体育研究生教学的影响研究 [D]. 长沙：湖南师范大学，2012：8–24.

研究等。从总体上看，体育教学领域对 O2O 这种利用互联网信息技术，强调线上与线下师生互动的教学方法的研究并不多见，概述与描述性研究较多，缺乏相应的实证研究，O2O 教学模式的教学效果如何也无从进行评价，从数量和质量上都不能满足当前移动互联网体育教学的实际需要。2015 年以后，相关的研究开始受到越来越多研究者的关注，第十届全国体育科学大会上，出现数篇利用移动即时通信工具搭建教学平台促进体育教学的文章，如《微信在高校体育“课内外一体化”移动教学模式中的应用研究》《移动互联微信平台参与高校公共网球课程教学的研究》《微信促进高校体育课堂良性互动的可行性分析与路径探索研究》等。

第三节　研究方法

一、文献研究法

文献研究的目的是根据问题的需要，对相关文献进行查阅、整理和比较分析，从而找到研究对象的本质属性，研究发现内在联系和内在规律性。本书通过阅读和分析国内外相关文献，充分了解培养质量研究方面的国内外发展演变过程和发展趋势，获取国内外关于培养质量基本内涵的阐述和理解，梳理国内外培养质量的评价指标以及指标体系的内容和构建方法，提取国内外研究中不同层面的培养质量影响因素。在核心概念界定部分，以文献阅读和分析为基础，结合我国实际，界定体育硕士专业学位研究生培养质量概念的基本内涵和维度，衡量全日制体育硕士专业学位研究生培养质量的指标，对影响全日制体育硕士专业学位研究生培养质量的各层面因素做出研究假设，为建立模型、设计调查问卷提供理论依据。①

二、德尔菲法

在培养质量评价指标构建过程中，主要运用德尔菲法。德尔菲法补充了定量

① 陈天霞，张惠芹，胡学龙 .“互联网＋”时代高校公共体育实验室建设与教学改革 [J]. 实验技术与管理，2016，33（6）：233–235.

研究方法的不足，通过严格的系统程序，采纳专家匿名判断的主观定性的研究方法。专家之间相互独立，不发生横向讨论和联系，并通过多轮专家对问卷的态度和看法，经反复的征询、归纳、修改，最终形成专家基本一致的判断和看法。德尔菲法主要运用在确定培养质量评价指标的过程中。

在体育硕士专业学位研究生培养质量评价模型和影响因素模型中，本书运用德尔菲法经过三轮的专家评议，最终确立了体育硕士专业学位研究生培养质量评价的三级指标体系，保证了对培养质量存在问题和提升策略研究的科学性和可操作性。德尔菲法具体的实施步骤分为五步：①组成专家小组明确研究的目标；②向有关专家提出所要征询的培养质量评价要素的问题及有关要求，由专家作出书面答复；③各专家根据其所收到的材料，结合自身的知识和经验，提出自己的意见和建议，并说明依据和理由；④将各专家的第一次判断意见归纳与整理，再次分发给各位专家，让其比较自己和其他专家的不同意见，修改自己的意见和判断；⑤专家依据第一轮征询的结果及相关材料，调整和修改自己的意见，并给出修改意见的依据与理由。如此反复，直到每位专家意见统一收敛。

三、问卷调查法

根据体育硕士专业学位研究生培养质量评价指标体系，编制测量体育硕士专业学位研究生培养质量的调查问卷，选取体育硕士专业学位研究生教师、体育专业型硕士研究生、体育组织或企业的管理者、人力资源管理者作为调研对象进行问卷调查，为研究和评价体育硕士专业学位研究生培养质量的实证检验提供数据支持。

四、统计分析法

运用 SPSS 等现代统计软件处理和挖掘原始数据，结合德尔菲法、主成分分析法等方法构建体育专业学位研究生培养质量评价指标体系。一方面开展数据和模型的统计测试，如问卷信效度检验，基于层次分析法确定指标权重；另一方面基于模糊综合评价法对体育硕士专业学位研究生培养质量开展量化模型评价。在培养质量影响因素分析部分，主要应用 t 检验、相关分析、方差分析以及多元回归分析等方法。

第二章

O2O 理论及其发展研究

随着互联网的广泛普及和深度发展，新一代的信息技术不断促进“互联网 +”经济的繁荣发展。O2O 作为一种互联网时代背景下兼顾传统实体经济与电子商务经济双重优势的新型模式，得到一致认同。本章对 O2O 的内涵与特点、O2O 产生的背景及其发展趋势、在线教育 O2O 的发展进行深度剖析。

第一节　O2O 的内涵与特点

一、O2O 的内涵

O2O 区别于传统的 B2C、B2B、C2C 等电子商务模式。O2O 就是把线上的消费者带到现实的商店中去：在线支付线下商品、服务，再到线下去享受服务。通过打折、提供信息、服务等方式，把线下商店的消息推送给互联网用户，从而将他们转换为自己的线下客户。这样线下服务就可以在线上揽客，消费者可以在线上筛选服务，成交可以在线结算，电子商务很快就会形成规模。O2O 现在是很热的一种电商模式，阿里巴巴的支付宝、腾讯的微信以及携程等都是成功案例。[①]

O2O 模式的核心很简单，就是把线上的消费者带到现实的商店中去——在线

① 窦丽，陈华卫，钱澄 . 高校“智慧体育课堂”的价值与模式研究 [J]. 体育文化导刊，2018，（11）：136–140，146.

支付购买线下的商品和服务，再到线下去享受服务。O2O 的优势在于把网上和网下的优势完美结合起来。通过网络导购，把互联网与实体店完美对接，实现互联网落地，让消费者在享受线上优惠价格的同时享受线下贴身的服务。同时，O2O 模式还可实现不同商家的联盟。

（1）对用户而言。

第一，获取更丰富、全面的商家及其服务的内容信息。

第二，更加便捷地向商家在线咨询以便商家进行预售。

第三，获得相比线下直接消费较为便宜的价格。

（2）对商家而言。

第一，能够获得更多的宣传、展示机会，吸引更多新客户到店消费。

第二，推广效果可查，每笔交易可跟踪。

第三，掌握用户数据，大大提升对老客户的维护与营销效果。

第四，通过对用户的沟通、释疑，更好地了解用户心理。

第五，通过在线有效预订等方式合理安排经营，节约成本。

第六，对拉动新品、新店的消费更加快捷。

第七，降低线下实体对黄金地段旺铺的依赖，大大减少租金支出。

（3）对 O2O 平台本身而言。

第一，对商家有强大的推广作用及可衡量的推广效果，可吸引大量线下生活服务商家加入。

第二，与用户日常生活息息相关，并能给用户带来便捷、优惠、消费保障等，能吸引大量高黏性用户。

第三，数倍于 C2C（Customers to Customers，个人对个人的销售方式）、B2C（Business to Customers，公司对个人性质的销售方式）的现金流。

第四，巨大的广告收入空间及形成规模后更多的盈利模式。电子商务网站模式是 O2O 众多模式中的一种，O2O 模式在区域化生活消费电子商务平台“同城购”中有很好的体现。“同城购”是全新的 O2O 商务社区化综合平台，主要以会员线上订单支付，线下实体店体验消费，并依托二维码识别技术应用于所有本地实体商家，锁定消费终端，打通消费通路，最大化地实现信息和实物之间、线上和线下之间、实体店与非实体店之间的无缝衔接，创建了一个全新的、共赢的商业模式。在如今的大数据时代，掌握了庞大的本地化消费者数据资源，本地化程度较高的垂直网站“同城购”就能为商家提供一系列增值服务，如智能建站、认证、高级会员等，从而聚合大量立足本地化服务与销售的商家，逐步形成全国领先的区域化电商门户平台。

“同城购”的本地化电子商务理念是将本地线下商务的机会与互联网的技术结合在一起，让互联网成为线下交易的前台，同时起到推广和成交的作用，这种线上引导线下消费的模式是电子商务领域里程碑式的使命。“同城购”全方位、垂直的区域化电子商务领域，以O2O模式为核心，形成了全国最大的区域化电子商务门户平台。“同城购”让传统的商业流变成可以数字化的信息流、现金流，将线上和线下的障碍彻底打通，激活了一个巨大的“蓝海”。所以“同城购”是O2O电子商务网站模式的创新平台和大规模的应用平台，随着O2O模式的逐渐成熟和广泛应用，本地化电子商务必将成为电商服务争夺战的决胜之地。

二、O2O的特点

随着智能手机的普及和移动互联网时代下O2O的互动普及，个体快速输入变得简单，碎片化的特点体现出营销调研方式将发生巨大变革。比如分众传媒与支付宝、聚划算的O2O广告案例。消费者可通过装有支付宝客户端的手机拍摄二维码，在分众显示屏前购买聚划算上的商品和服务。此举同时也使商家实现了品牌展示与销售的一体化，更易评估广告效果，从品牌导向转向促销导向是明显趋势。在传统模式下，从广告展示到商店真正消费，往往经过多次跳转，而通过这个方案，可以让消费者在看到广告冲动的同时，可以直接形成销售和支付。

O2O模式要求消费者网站预订、支付，预订、支付信息成为商家了解消费者购物信息的渠道，方便商家收集消费者购买数据，进而达成区域化精准营销的目的，更好地维护并拓展区域性客户。通过线上资源增加的顾客并不会给商家带来太多的成本，反而带来更多利润。此外，O2O模式在一定程度上降低了商家对店铺地理位置的依赖，减少租金方面的支出。O2O模式作为线下商务与互联网结合的新模式，解决了传统行业的电子商务化问题。但是，O2O模式并非简单的互联网模式，此模式的实施对企业的线下能力是一个不小的挑战。线下能力的高低很大程度上决定了这个模式能否成功。而线下能力的高低又是由线上的用户黏度决定的，拥有大量优势用户资源、本地化程度较高的垂直网站将借助 O2O 模式，成为角逐未来电子商务市场的生力军。

当前电子商务的主流贸易形态 B2C、C2C 是在线支付，购买的商品需要通过物流公司送到客户手中；O2O 模式的核心其实很简单，就是把线上的消费者带到现实的商店中去，在线支付购买、预订线下的商品和服务，再到线下去享受服务。生活服务类商品，在团购上更容易被消费者接受，事实也证明这种在线支付购买线下的商品和服务，再到线下去享受服务的模式能很快地被接受。

O2O 模式的特点具体如下：

第一，注重体验。随着用户对一个产品或服务的接触点从线下实体店服务延伸到通过各种终端设备的虚拟接触点上之后，商家的服务界面就无限地扩展了，这时候商家应该从整体上去考虑给用户的体验和品牌影响力，而不能仅仅从物理上考虑。其实这也是电商和 O2O 的一个重要区别，电商主要依靠物流快递把消费体验送到消费者手中，但 O2O 必须依靠线下的服务过程才能构成消费者的一个完整体验，换言之，线下服务体验是整个环节中必不可少也是最核心的一部分。如果价格是电商的关键词，那体验就是 O2O 的关键词。

第二，强调沟通。受益于移动设备的普及，用户随时在线，无论是用户的使用感受还是对一些问题的反馈，用户都可以和商家进行互动沟通。

第三，用户中心。真正按照以用户为中心来打造自己的服务体系，而不是以产品为中心，在为商家培养新客户的同时，还能通过一些工具和手段为其留住老客户，因为商家的绝大多数利润来自那些真正的老客户。

第四，消费预测。消费预测可以说是 O2O 的精髓，即用户消费行为从可追踪到可衡量再到可预测，所有用户在线上到线下的行为都能够记录和衡量，最终形成基于海量用户消费行为数据库，通过对这些数据的进一步挖掘与分析来预测相应营销行为对用户的影响。

第二节　O2O产生的背景及其发展趋势

一、O2O产生的背景

从1999年到现在，电子商务已经大大改变了人们的生活方式。说到大众的生活，作为C端，更多的是在网上购买商品，然后B端或者店主把商品塞到箱子里，通过物流公司送到消费者面前。这种电子商务的模式经历了十几年的变迁，使得市场不断细分：从综合型商城（淘宝、天猫为代表）到百货商店（当当、亚马逊），再到垂直领域（苏宁易购、去哪儿），接着进入轻型品牌店（凡客），用户的选择越来越趋于个性化，不再是一家独大的局面。2019年全年网上零售额106324亿元，比2018年增长16.5%，其中，实物商品网上零售额85239亿元，增长19.5%，占社会消费品零售总额的比重为20.7%。在实物商品网上零售额中，吃、穿和用类商品三大类分别增长30.9%、15.4%和19.8%。

市场还有很大的潜力，但进入门槛已经很高了，从创业者到资本市场都在寻找电子商务的下一个模式。网购用得比较多的方式是电子凭证，即线上订购后，购买者可以收到一条包含二维码的彩信，购买者凭借这条彩信到服务网点经专业设备验证通过后，即可享受对应的服务。这一模式很好地解决了线上到线下的验证问题，安全可靠，且可以后台统计服务的使用情况，在方便了消费者的同时，也方便了商家。二维码的出现，或将成为移动运营商进军移动互联网，布局未来O2O电子商务的关键。

关于二维码的两件重要的事件：一件是腾讯公开表示腾讯“正在大力推广二维码的普及，这是线上线下的一个关键的入口”；一件是广东移动在广州地铁站开设了一个名为“移动闪拍站”数据业务传播和销售的新平台，无独有偶，也是集成了二维码，通过二维码购买各种数据业务。一个是移动互联网的巨头，一个是正在大举进军移动互联网的运营商巨头，在二维码这个移动互联网的入口不期而遇，耐人寻味。

ITM模式将传统企业经营带入了信息化市场变革。这也正是ITM广受争议和关注的原因之一，2013年苏宁推行的“云商”模式的理念与ITM如出一辙。ITM是英文Interactive Trading Mode的缩写。意思是“互动交易”模式，其主要影响是将传统零售业一味追求的规模化变革为小单元，犹如今天的街店移动电信充值店、营业厅或股票交易所。该模式的意义在于既保障了网购货品品质、诚信交易，建立健全电子商务的售后服务体系，又进一步推进了传统零售店面的信息化转型升级。

ITM模式的经营难度较大，企业需具备“二元经营思维”的战略理念。当前的商业竞争不再是同业的产品、服务、品牌等层面的竞争，而是信息化时代的变革推进之争，步入信息化时代的未来企业要面对“双线竞争”即“线上与线下”两大战略层面。因此，在ITM战略格局中，将线上经营者认证为ITM商户，将实体店转型升级为ITM服务店，使两者的商品、价格、服务、沟通和信息同步运行。如所有B2B、B2C、C2C等经营者认证ITM商户后，其在线上销售的商品发货至顾客指定的ITM服务店，服务店根据商户线上承诺为商品进行检验、修剪、熨烫、擦拭，重新包装及出具《ITM证明报告》等一系列售前、售中服务。

服务业的GDP占有率比制造业高，在未来国家将进一步提升服务业的GDP占有量，如果把商品塞到箱子里送到消费者面前的网上销量有5000亿元，那么生活服务类的网上销量会达到万亿元。

生活服务类商品在团购上更容易被消费者接受，事实也证明这种在线支付购买线下的商品和服务，再到线下去享受服务的模式能很快地被接受。从团商品到团服务，从一个城市辐射到全国，团购作为非常态下的电子商务形式，一定会趋向于商品多样化，最终走上生活服务类折扣商城的形式。于是，一种新的电子商务模式诞生：O2O。

2011年11月，O2O概念引入中国，线下销售与服务通过线上推广来揽客，消费者可以通过线上来筛选需求，在线预订、结算，甚至可以灵活地实现线上预订，线下交易、消费，充分诠释了“同城购”的本地区域化电子商务的理念，而O2O模式并非“同城购”独创，但却是随着像“同城购”这样本地化电子商务的推广以及市场的需要逐步形成的。在整个2012年业内人士进行了有关O2O的三场大讨论：年初的“O2O模式”大讨论、年中的“O2O与二维码”大讨论和年末的“O2O闭环”大讨论。

O2O 模式的核心很简单，就是把线上的消费者带到现实的商店中去，在线支付购买线下的商品和服务，再到线下去享受服务。O2O 时代，电子凭证比移动支付业务更迫切。移动支付不是生活服务类电商的突破点。线下商户的 POS 设备（或门店 PC 设备）、个人用户的手机、线上的互联网，这三者如何在碎片化的流量下互动，是生活服务类电商破局的关键。团购模式虽然解决了商家拉新客户的问题，但没有帮商户留住消费者，所以后续发展动力不足。而微信会员卡帮商家建立针对个人消费者的 CRM 系统，是留住消费者的一种方法，但目前还没有形成成熟的商业模式。团购起到的作用是为生活服务类商家引进新用户，优惠（电子优惠券、返券）则是为生活服务类商家增加回头客，而卡惠业务（会员卡、积分库、储值卡、信用卡特约）则成为生活服务类商家对忠诚用户的回馈，这三个阶段递进发挥效用，又相辅相成。

整体来看，O2O 模式运行得好，将会达到“三赢”的效果。

二、O2O 的发展趋势

未来 O2O 可以在以下方面深入发展：

（1）建立诚信体系。一方面，本地工商部门或者消费者协会等要切实起到监督作用，对商家的经营资质和经营行为进行严格审核，约束商家的不诚信行为；另一方面，可以加强和完善诚信机制，如引入第三方机构对 O2O 经营者进行监管，对其进行诚信评级，并且将评级结果及时展现给消费者，促使其注重自身信誉的维护。

（2）进一步细分市场。具体的消费领域可以进一步细分。除了关注传统的美食、小额消费领域之外，更应该关注一些大宗消费领域，如房产、家居、婚嫁、汽车、亲子、教育等。但是需要注意，随着行业细分的深化，消费者对于 O2O 平台的服务质量有更高的要求。

（3）更多传统行业的参与。O2O 模式让一直徘徊在电子商务之外的传统行业，尤其是服务业抓住了互联网的机会。服务性企业可以充分利用 O2O 模式积极参与电子商务，让更多的消费者来店中消费。

（4）抓住移动商务的发展机遇。移动商务是指以移动通信技术为支撑，利用移动数字终端进行的商务活动。与传统的电子商务相比，移动商务具有用户基础更庞大、更贴近市场和消费者的显著优势，其广泛存在性可以使消费者不受时间和地点的限制进行电子商务活动；移动终端一般都是个人手机，所以有利于满足用户的个性化体验等。App 应用如此受到用户欢迎，是因为它可以把用户大量的碎片时间利用起来，并且让用户能够随时随地实现自己各方面的需要。

移动 O2O 以移动互联网为基础，通过用户身份和优惠消费的凭证识别，可以实现高效、互动和本地化服务。移动互联网正处于高速发展期，而 O2O 商业模式的应用，将推动用户日常生活网络化和线下商家网络化的新浪潮，发展潜力巨大。相信未来随着用户消费习惯的形成，移动支付的成熟，更多商家营销意识的增强，O2O 平台会逐渐成熟，移动商务将成为推动 O2O 模式融入更广泛的商业生活的主导力量。

（5）探索更好的盈利模式，服务内容多元化。未来 O2O 网站应该着眼于挖掘更具潜力、更具竞争力的业务模式，借助自身的媒体优势，帮助商家挖掘一些增值业务，根据具体的情况因地制宜地确定经营策略，互惠共赢，而不应仅限于提供一些表层次、低技术的服务，还应考虑挖掘更具潜力、更具竞争力的业务模式，进行多元化业务的开发。

未来 O2O 的竞争无疑是激烈的、具有挑战性的。O2O 时代，将有数百万拥有线下实体的实力商家走到线上来。O2O 电子商务模式越来越受到消费者的青睐，今后的发展趋势必定朝着生活化、本地化、用户至上化的方向发展，作为 O2O 模式的网络平台，必须将线下服务的质量作为 O2O 发展的基本线与生命线，这也是 O2O 模式获得成功的必要条件。

第三节 在线教育 O2O 的发展

一、在线教育 O2O 的演变阶段

2013 年是中国在线教育爆发的元年。在 2013 年的第一季度，所有创业项目中有 3.5% 都将目标瞄准了在线教育领域。如今，与互联网创业相关的电商、移动工具、社交等领域都已经成为老牌的热门创业领域，而在线教育也已成为一个

新的不可忽视的创业红海。

毫无疑问，教育领域具备极大的市场潜力。2019年6月，我国在线教育用户规模达2.32亿，较2018年底增长3122万，占网民整体的27.20%，全年在线教育用户规模预计将达2.59亿人。与此同时，很多创业者怀着以互联网思维实现教育创新的理想投入了这个领域。①

中国在线教育O2O模式的生态演变大概经历了以下三个阶段：

第一阶段：O2O模式的1.0时代——初期雏形。一些传统教育企业凭借自身的优势实现垂直延伸，展开单一路径的、线下到线上的转移，其操作主要集中在技术层面，就是进行简单的内容复制和渠道再建，从而把线下的内容复制和转移到线上；或者一些在线教育机构实施单一路径的、从线上到线下的延伸，比如51Talk、沪江网等线上公司希望通过在线下开设体验店的方式，来实现线上与线下的共同发展。这种单向的线上与线下之间的转移，实际上还缺乏完整的用户体验与教学闭环，因此还略显粗糙。

第二阶段：O2O模式的2.0时代——逐渐融合。线上与线下开始实现融合，所有的教学环节被完全融会和贯通，从而形成了自有的完整闭环，让用户体验更加无割裂感、无缝隙。这样的优质O2O闭环，能够从根本上解决学生缺乏互动性和自控力、课程缺乏连贯性与系统性、教师应用程度不高、用户刚需难以满足等问题，实现教育者的“落地”，从而达成与学生之间面对面交流，并且提供个性化智能教学的新局面。

第三阶段：O2O模式的3.0时代——连接一切。当线上线下实现完整的教学闭环后，将会有越来越多的教育环节中的参与者加入其中，比如家长、教师、学生等，这个体系中会有越来越多的人参与信息的交互、传递、反馈等。与此同时，教育企业也终将承担起“以人为主体”的教育重任，实现线上与线下的突破，以互联网为媒介去连接一切人与教育。

---

① 李海生，魏中龙.O2O：现代商业模式的变革与创新[M].北京：中国财富出版社，2017.

二、在线教育 O2O 的商业价值

随着互联网技术的发展和普及，使得人们可以在自己家中，坐在电脑前或是通过手机学习一流讲师的在线课程，完成培训通过考试后还可以取得文凭，这些在以前难以想象的事情，如今都已变成现实。教育产业也进入了 O2O 变革的重要机遇期，国内外的互联网巨头，都明显加快了步伐布局在线教育。

2014 年 2 月 17 日，阿里巴巴宣布与淡马锡和启明创投合作共同向在线教育平台 Tutor Group 投资 1 亿美元；4 月 8 日，百度与上海交通大学签约合作，双方将联手打造中国高水平大学的大规模在线课程联盟；行业内也不时传出，腾讯与新东方及传课网合作的消息。而更具代表性的行动则是，2014 年 2 月欢聚时代推出了 100 教育网，并且宣布托福、雅思强化班课程永远免费。在线教育市场的诱人程度可见一斑。

优质的教学内容、良好的用户体验和先进的盈利模式是互联网教育企业取得成功的必备要素。行业的转变和在线领域需要的互联网思维及运营模式，对这些教育企业而言都是不小的挑战。

所以在短期内，那些已经拥有品牌效应的公司或具备产业链竞争优势的技术提供商，预期的发展空间更大一些。

在线教育吸引了众多跨界者进入市场。然而要想在市场上占据一席之地，就需要教育机构根据自身的资源优势选择合适的切入方式和目标市场，设计出科学的盈利模式，步步为营地挖掘在线教育 O2O 的商业价值。

第三章
“互联网 +”时代的教育教学研究

“互联网 +”时代，高校应紧跟时代步伐，认识到学生素质多样化发展的重要性。在实际教学中，充分尊重大学生的主体地位，促进教学形式和内容多样化创新，为促进当代学生综合素质的全面发展奠定基础。本章探讨“互联网 +”时代教育目标的变革与人才的培养、教育课程的重构以及智能化教学。

第一节 “互联网 +”时代教育目标的变革与人才的培养

一、互联网时代教育目标变革的价值坐标

在互联网信息时代背景下，尤其是在新一轮的科技革命和产业变革兴起的浪潮中，我国的教育变革呼之欲出。一方面，国家富强和民族振兴是每个人幸福的基础，只有实现国家富强、民族振兴才能实现每个人的幸福，才能推动每个人的全面自由发展；另一方面，每个人的自由发展是一切人自由发展的条件，个人的发展是国家富强、民族复兴的条件。由此可见，教育变革中的教育目标具有个人本位论与社会本位论的二重性，这二重性具有很强的协调统一性。[①]

---

① 韩新功 . 基于互联网 + 环境下的大学体育实验室教学探究 [J]. 实验室研究与探索，2017，36（7）：269–272.

（一）个人价值坐标

个人价值坐标在于培养个性化的人才，实现人的自由和全面发展。教育的目的是以促进人的全面发展为出发点的，人的发展是教育的根本价值诉求。“人的发展”问题事实上是一个较为宏大的命题，在马克思恩格斯的经典著作中，关于人的全面发展和自由发展有许多重要论述，教育学、社会学、心理学等不同的学科对人的发展问题也进行了大量的研究和探索，产生了大量的研究成果。这里不能也无意于讨论关于人的发展的理论问题，只是基于对其的基本认识来展开讨论，即人的发展是指人的各种需要、潜能素质、个性的充分发展，也即智力、体质、思想道德、情感、社会劳动和人际交往等多个方面的发展。实现人的全面、自由、和谐、充分的发展是教育的目标和追求。

教育目标的个人本位论使人们把互联网教育聚焦到“人的发展”上。无论是互联网教育的内在价值还是外在价值，都必须以“人的发展”作为评判的基本尺度，互联网教育的教育目标最后也必将落实到人的发展上。人所面对的教育是不完善的，但人的自由全面发展却是永无止境的，现实与理想之间存在着巨大的差距。价值理性的批判性时刻提醒人们，要关注人的发展所面临的困境，要尽量避免出现这样的问题，更不能人为地制造发展困境。

不仅如此，价值理性还是一种建构理性。价值理性通过对现实世界的反思和批判，旨在建构一个理想的、合乎人的本性的、发展的美好世界。因此，互联网等信息技术的价值理性为互联网教育研究与实践提供一种理想的指导，以期建构起真正带来教育变革的互联网教育体系。教育目标要突出“人”的主体性。目前，教育最需要解决的问题是要把受教育者当“人”，培养全面自由发展的人，而不是把受教育者当成“器”。在过去的实践中，人们往往没有正确处理目的和手段的关系，造成了二者之间的割裂。

使用互联网信息技术和不使用互联网信息技术，两者的教育教学绩效没有显著差异。出现这一问题的根源是，以往人们从工具、“器”本位的角度出发，而不是人本位的角度出发来审视和对待教育，没有真正找到教育对互联网信息技术的现实与未来需求，把互联网等信息技术在教育教学领域内的应用简单地视为一种单纯的技术过程，忽视了这一过程背后蕴含的错综复杂的社会历史文化背景，没有把握好教育信息化与教育现代化的关系（教育内部各子系统之间的关系）、教育信息化与相关领域信息化的关系（教育系统与外部环境之间的关系）、教育信息化顶层设计与区域教育规划的关系（不同层次之间的关系）、教育信息化建设继承和创新的关系（历史、现实与未来之间的关系）。

（二）社会价值坐标

社会价值坐标在于培养家国情怀的创新型人才，推动社会创新发展。教育是民族振兴、社会进步的基础，教育的外在价值就是为社会培养各种人才，为推动社会进步发展发挥作用，教育是发展科学技术和培养人才的基础工程。国家富强、民族振兴、实现中华民族伟大复兴，需要培养创新型的人才。我国经济正在进入“增长速度换挡期”和“结构调整阵痛期”，“换挡”和“转型”的核心就是要从粗放型经济转型走上生态和谐、绿色低碳、可持续发展的新道路，改变生产生活方式，进入以数字化制造、新能源、新材料应用以及计算机网络为代表的第三次工业革命时代。

国家高度重视互联网教育的发展，发布了一系列规划文件。《国家中长期教育改革和发展规划纲要（2010—2020 年）》提出：“信息技术对教育会产生革命性影响，必须予以高度重视。”互联网教育发展带来的教育变革已成为共识，推进互联网教育已成为构建教育新生态不可阻挡的全球趋势。2010 年，美国颁布了《变革美国教育：技术推动学习》，欧盟制定了《欧洲 2020 战略》，日本出台了《教育信息化指南》。在汹涌澎湃的信息化浪潮中，我国作为一个赶超型、后发型国家，必须主动拥抱信息化，实现弯道超越。互联网教育时代教育变革的外在价值是培养信息时代社会主义的创新型人才，特别是大量具有信息素养的高素质劳动者、创造性的研发者、生物圈的管理者和优秀的服务者。

二、互联网教育时代价值的体现

教育的内在价值认为，教育目的应当由人的本性、本能的需要来决定，教育的根本目的就是促进人的本性和本能的全面发展。教育的外在价值却认为，教育的目的是由社会的需要所决定的，教育要追求的根本目的是培养社会所需要的人，教育应该按照社会对个人的需求来设计。完整的教育目的，不仅要从教育的内在价值和外在价值来理解，还要结合时代特征来看，教育是历史时代中的教育，教育还应该具有时代价值。互联网时代的教育要站在历史的高度和时代的高度，体现教育的时代担当，提出构建具有全球视野的新人文教育观。

（一）教育的时代担当

教育目标的定位，需要站在互联网信息时代和全球视野的高度来进行，社会历史变迁对人才培养提出的新要求始终是推动教育教学变革最重要的历史与现实动因。现行的教育教学体系是三百年工业文明的产物，为工业社会输送了大量的人才，有力促进了经济社会发展。但是这些人才大多是普通流水线上的普通劳动者。当人类社会全面迈入信息时代，传统的人才培养目标已经不再适用。中国学生发展核心素养分为文化基础、自主发展、社会参与三个维度。文化基础维度包括人文底蕴、科学精神；自主发展维度包括学会学习、健康生活；社会参与维度包括责任担当、实践创新等素养。中国学生发展核心素养的提出是在新的时代重新思考的人才培养目标，是从学习者自身全面发展和社会的创新发展两个维度来思考的面向未来的核心素养。互联网信息时代的教育体现了一种新的教育目标观。这种新的教育目标又称为新人文教育。

互联网信息时代的新人文教育目标观包括：①应以人为本，充满人文关怀；②应注重个性发展，丰富情感，健全人格；③培养人类整体意识，做有全球观、中国心、正义感的现代公民；④应培养科学精神，善于思辨，掌握技能，适应未来生活；⑤应师生平等，合作共享，因材施教，教学相长；⑥应尊重和保持文化的丰富性和多元性，提供选择的多样性，求同存异，和谐共生；⑦应融汇本土和地域优良教育传统，传承和发展文明；⑧应开放、创新，勇于探索；⑨应重视终身教育和终身学习，具有可持续性；⑩应注重绿色生态和环境教育，养成同理心。

新人文教育强调以人为本，注重个性的发展和人格的健全，体现了教育目标的内在价值——促进人的全面自由发展。教育不仅仅是传递知识，提高学习者的综合素质，更重要的是释放学生的个性，实现每个学习者的全面自由发展，培养学生的探究创新精神，培养学生积极的情感态度和价值观。因此，互联网时代教育的内在价值是：帮助学生与知识建立紧密的认知联系，帮助学生去感受、体会知识的美和价值，培养学生自觉传承知识和能够发现新知的探究创新精神，促进学生个性的全面发展并帮助其成长为全面自由发展的个体。新人文教育还体现了教育的社会价值。新人文教育强调培养科学精神，善于思辨，掌握技能，适应未来生活；强调开放、创新，勇于探索。第三次工业革命需要创新型人才，而创新型人才的培养需要关注批评性思维、协作能力、沟通能力、解决复杂问题的能力、解决多学科的开放性问题的能力、创新能力、交流与合作的能力的培养和提升，只有这样，才能适应创新为主要特征的信息时代的要求。

在全球化的宏观背景下，新人文教育还强调做有全球观、中国心、正义感的现代公民；重视终身学习，不断自我完善和发展；注重绿色生态教育，注重与人的协作，培养同理心。信息时代教育目标的变革正是需要体现教育的内在价值和社会价值，体现个人担当、社会担当和时代担当。个人担当，要坚持以人为本，充满人文关怀，注重个性发展、健全人格等，实现个性化和人的自由全面发展；社会担当，要融汇优良教育传统，传承和发展文明，培育具有全球观、中国心和正义感的现代公民，要承担起社会责任和历史的重任；时代担当，要站在人类历史发展的高度，带着全球视野、全球意识和全球观念来变革教育目标，关注全球的绿色生态和自然环境，关注文化的丰富性和多元性，求同存异，和谐共生，要有科学精神，勇于创新和探索，适应未来生活。

（二）教育的个人担当

教育的内在价值和本真目的是追求人的全面自由发展，追求个体的不断自我完善，而不是片面地求“利”、求“效”。教育被“利”“效”异化，比任何时候都需要回归到人的本真存在。因为教育的目的是努力使学习者用其内心的力量和天赋以及其理性天然的直觉能力去把握和追求真、善、美。

回归到人的本真存在的教育应关注人性、人的价值和尊严。教育不仅强调要发展人的理性因素，而且还要发展人的非理性因素。理性因素和非理性因素共同构成了人的全面发展不可缺少的两翼，相互关联，相互影响。也就是说，教育不仅仅是传授知识，更是传播和创造思想的过程。教育就是要唤醒人的内在本质，全面挖掘人的潜力，培养理性和非理性的因素，从而实现人的全面自由发展，进而推动社会的创新发展。教育是灵魂的教育。教育最终是以心养心的过程，是生命对生命的影响。互联网信息时代，教育的个人担当就是要促进学生的生命成长，回归人的本真存在。

（三）教育的社会担当

教育的外在价值是社会工具价值，承担社会发展所需要的人才培养和选拔功能。教育要承担促进社会进步发展的使命，需要培养大批能够适应时代需求的创新型人才。以数字化制造、新能源、新材料应用以及计算机网络为代表的第三次工业革命时代不仅需要高素质的基础劳动者，更需要高素质的高端创新型人才。适应第三次工业革命给创新人才培养带来的挑战，我国的教育差距甚大、任重道远。这在客观上急切呼唤教育目标的变革。

三、互联网教育人才的培养

技术既为教育带来了思维方式、学习方式、教育方式等方面的变革，同时也对原有的教育提出了新的挑战、新的探索。互联网教育不仅对传统教育的理念、模式产生了影响，也对未来教育目标的重构产生至关重要的影响。互联网教育区别于传统教育的特质，契合了教育目的外在价值和内在价值的辩证统一，也契合了未来教育目标的趋势和方向。在互联网信息时代，新人文教育观强调以人为本、个人价值，注重个性的全面发展和人格的健全；强调社会价值和社会责任，注重国家和社会对教育改革的呼声和期盼，特别是新一轮科技革命和产业革命所要求的创新驱动发展；强调全球观念、绿色生态、环境教育和未来公民等，具有强烈的时代精神和创新意识。互联网教育作为参与推动传统教育变革和参与未来教育的重要形态，正在重新定义或重构未来的教育目标。

（一）互联网教育与个性全面发展人才的培养

教育目标的个人担当即要回归到人的本真存在，实现人的个性化和全面自由发展。个性化教育承认受教育者主体性，以受教育者个性为出发点，以受教育者个性需求为导向，通过教与学双主体互动式教学来完成人才的培养，实现个性化教育之目的。互联网教育从诞生之日起就与现代教育理念、个性化人才的培养高度契合。互联网教育的教育形态特征与互联网的结构特点有关，互联网非层级、去中心的技术结构决定了它内在的精神，就是去中心化，是分布式的，是平等的。这些都体现了互联网教育的本质特征：开放、平等、自由、共享。互联网教育不仅能够改变传统的教育观念、教育组织形式、教育模式，更重要的是能够培育适应信息时代个性化人才、实现人的全面自由发展。其主要体现以下三个方面：

1. 更加关注人才的差异化培养

互联网教育背景下的反转式课堂、分散合作互动式学习、扁平化学习和即时性学习、游戏化学习等，对目前我国人才集中式、标准化、批量式的学习手段和方法提出了很好的改进思路。长期以来，在应试教育的影响下，课堂教学方式单一，学生被动学习，学生的个性没有得到释放，学生的创新探究精神没有得到培养，这与未来社会对教育的要求相悖。在互联网教育时代，教学凸显了其本来应有的丰富、多样的功能：教学不仅仅是知识传递，而是通过传递知识，释放学习者的天性，让每个学生的个性能力自由全面发展，培养学生的探究创新精神，培养学生积极的情感态度和价值观。

2. 更加关注个性化培养

传统学校教育大多是规模化的培养，在个性化培养方面还做得不够，依靠现有学校培养体系上的小修小补很难改变现有对人才差异化培养的局限性。互联网教育背景下，学习者在个性化的时间、个性化的学习环境中，根据社会需求和个人需求，自主选择学习内容。同时大数据分析对学生的学习过程提供了更多的个性化支持。大数据、云计算是互联网时代的重要技术应用，数据资源将成为最有价值的资产，大数据和云计算技术一起对采集到的数据进行分析处理。大数据正在重构很多传统产业，推动传统产业企业管理，包括教育事业和教育产业的运行与管理方式。它通过收集、整理教学过程、学习过程、学生的自身特点等方方面面的数据资源，并对其进行挖掘分析评定，进而从中获取有价值的信息，并针对学习者的不同情况，提供个性化的跟踪服务，推送不同的学习内容、学习方式以及学习手段等。

3. 培养学习者各方面能力

学习者在互联网教育中通过资源的获取、收集、处理和利用等实现问题的有效解决，以促进自身知识面的拓宽及独立思考能力与创造性思维能力的发展。学会筛选优质教育资源是学习者创新学习的重要方面。优质教育资源应用是学习方式创新的关键基础，在这一过程中，师生互动范围更加广泛、方式更加多样，学习者可利用更多新型且富有个性的学习工具，也得以享受更加开放和平等的教育环境。虽然优质资源在学校教育的应用依赖于国家政策，但学习者在网络便利的基础上可以自主选择相对较为优质的资源。优质资源的应用可以帮助学习者在学习过程中学会积极主动学习，学会带着问题进行探究性学习，并且可以激发学习者的学习兴趣，改变学习者的学习方式，可以培养学习者创新精神和适应新型社会的发展能力。互联网教育是素质教育实施和创新型人才培养的重要推动力量。

互联网信息时代的教学变革就是要改革旧观念，把教师的教学思想、观念、模式、方式方法都统一到素质教育的要求上来，统一到信息时代未来教育对创新精神的需求和未来教育对差异化、个性化的人才培养上来。因此，互联网时代的教学更加关注：帮助学生与知识建立紧密的认知联系，帮助学生去感受、体会知识的美和价值，培养学生自觉传承知识并能够发现新知的探究精神，培养学生在新的环境和要素中的创造精神，培养学生个性的全面发展并帮助其成长为全面自由发展的个体。

（二）互联网教育与创新型人才的培养

教育目标要围绕国家和社会的需求来设定。任何教育都是特定历史阶段的教育，必须要符合国家和社会发展的需要。教育具有重要的社会功能，这是教育的本质特点之一。教育能够促进社会生产，巩固经济基础；教育可以成为社会政治议题的焦点，影响民主法制建设；教育能够保存、传递以及创造人类文化等等。因此，教育的社会功能是多方面的。在我国现阶段，教育的社会功能要围绕社会主义现代化建设需要怎样的人才来加以审视。回顾三次工业革命或科技革命，18世纪出现了蒸汽机等重大发明，开始了第一次工业革命，成就了英国；19世纪出现了以电力的广泛应用为标志的第二次工业革命，成就了美国、德国；20世纪出现了以原子能、计算机、空间技术、生物工程为标志的第三次科技革命，成就了美国、日本等国家。

目前，我国仍处于社会主义初级阶段，在新一轮科技革命和产业变革中仍处于追赶阶段，要形成创新优势，真正抓住未来的科技革命和产业变革的机遇，抢占未来的制高点，必须奋起直追，培养具有社会责任感和家国情怀的创新型人才。

互联网时代的特征之一就是万物互联。连接，是未来一切发展可能性的基础。国家智力资本是一个国家人力资本、关系资本和结构资本的综合，是兼顾软实力和硬实力、当前和长远的体现。一个国家的智力资本越强，软实力、硬实力越强，竞争的优势越大，竞争的格局就越难以撼动。所以，面对世界科技飞速发展的挑战，培育民族创新精神，培养具有家国情怀、具有社会责任感和历史使命感的创新型人才，就是增加国家智力资本的重要途径，也是连接世界的核心能力。在信息（知识）时代，高新技术人才和创新人才将是推动未来社会发展的主力军。没有高素质创新型人才群体性的崛起，中华民族的伟大复兴就寸步难行。在传统的教育中，教育的大众化为工业社会输送了大量的人才，但是这些人才大多是普通劳动者，更多意义上是学历人才而不是“创造力”人才。

互联网信息时代，智能机器人逐渐代替普通的劳动者。在软件代替人、机器代替人的背景下，仅仅拥有知识还不够，还必须拥有创新能力和智慧，这将倒逼人类向更高层次的创新进化，不断走向更高层次的创新。创新是未来教育的核心，创新人才的培养是未来教育的目标。互联网教育在教育信息化的进程中，担当着培养创新型人才的重任。因此，教育变革要以“创新人才”培养为核心，培养具有创造思维和个性化思维，具有开拓和创造精神的人才。世界创新的发展趋势表明，创新不仅仅发生在高科技、大企业中，也不仅仅发生在高科技人才身上，以“草根”大众为核心的创新也正在成为科学技术创新的重要内容和形式。这个时代，创新正在从精英阶层走向普通大众，这是信息时代和智慧时代的特征，也是信息时代和智慧时代对人才培养的要求，这是一个人人想创新，人人需要创新的时代。信息时代和智慧时代需要创新型的人才，创新成为引领社会发展的第一动力，教育要培养创新型人才将成为人类的教育共识。要形成创新力的优势，必须加强创新型人才的培养。

1. 创新型人才培养的目标

信息时代，社会需要的人才已经不再是缺乏个性的标准化人才了，因此人才培养的观念也要随着改变。在这种情况下，树立与信息时代相适应的新型人才培养观念是当务之急。《国家中长期教育改革和发展规划纲要（2010—2020年）》指出，要树立人人成才观念，面向全体学生，促进学生成长成才；树立多样化人才观念，尊重个人选择，鼓励个性发展，不拘一格培养人才。创新人才培养观，是指根据现代社会发展的需要，培养创新型人才。探索信息时代人才培养观从工业文明向信息时代转变的基本逻辑，明确信息时代人才培养的新观念，以及适应新型人才培养需要的课程观、教学观、教师观、学生观、管理观、评价观、质量观和教育发展观，为互联网教育背景下创新型人才培养模式顶层设计与创新实践提供价值引领。

2. 创新型人才培养的途径

创新型人才培养的核心目标是培养学习者的自我学习能力，让终身学习成为学生的一种习惯。互联网教育背景下创新人才培养途径的创新涉及人才培养的观念、目标与评价体系、内容和方法等的范式转换。第一，走向科学的人道主义。新的教育秩序以科学和技术训练为基础。个人需要掌握科学思想、科学语言和基本的科学方法，这种科学精神包括辩证法，教育的目的不仅仅是传授具体的科学知识，更重要的是教会个人自己学习。第二，培养创造性。这种创造精神是在遵循一定规则的前提下进行的，它起源于社会的深刻变化与传统的延续性之间的冲突。创造性是社会进步的需求。互联网教育背景下学习者的全面自由发展尤其要注重创造性的培养。第三，培养承担社会义务的态度。教育与社会融合、全球化进程加速的现实对学习者应该承担的社会义务提出了新要求。教育是个人进入社会的前站，应培养学生具备经济学常识、国际主义思想之类的社会常识；个人的政治意识、民主意识、参与意识；促进正义、社会公平和全球团结等责任意识。

综上所述，互联网教育目标的社会担当，既要具有时代性，也要体现历史性。在信息时代，教育必须按照创新时代和智慧时代对人才的要求重新进行目标定位，由培养知识人向培养创新人和智慧人转变。要实现中华民族的伟大复兴和建成社会主义现代化国家，必须要培养具有全球观、中国心、正义感的现代公民，必须要有扎根于中国大地且具有现代理念的创新型人才，这也是教育的社会价值体现。

（三）互联网教育与家国情怀人才的培养

培养具有家国情怀、具有社会责任感和历史使命感的创新型人才是教育目标的社会担当和时代担当。互联网信息时代的新人文教育目标观包括：新人文教育是一种建立在全球视野、全球意识和全球观念上的新教育，是以人为核心的和谐共生的新教育，是在张扬个性的基础上又具备人类整体性意识的新教育，是一种注重绿色生态可持续的新教育，是继承西方人文主义历史传统和精神同时又融入中华文化人文价值和精神的新教育。新人文教育观顺应了互联网教育发展的新趋势，它站在全球化的宏观背景下以更高的视角来重新审视教育目标，互联网所具有的开放、共享、连接、交互、免费等特性使其具有更博大的情怀、更远的视野、更高的站位，它以全球视野、全球意识和人类整体意识、人类命运共同体理念来思考问题，是一种面向未来的教育观。

新人文教育观体现了个人价值和社会价值的统一，既强调个性的发展、人格的健全及人的全面自由发展，又强调社会责任和社会价值。新人文教育观还体现了时代的创新精神和人文精神，互联网时代就是创新的时代，科技变革日新月异，社会各方面因为互联网技术的运用及互联网思维的深入正在解构和重构。信息化和经济全球化相互促进，互联网已经融入社会生活的方方面面，深刻改变了人们的生产和生活方式。人是互联网最重要的连接要素，也是参与互联网的主体，作为互联网的主体，创新是其本质之一。

不仅如此，当今时代是竞争的时代，特别是科技竞争的时代，创新驱动成为推动国家竞争力的核心要素和最重要的动力，创新也成为人之基本要素。同时，随着时代发展，特别是面向未来，人们可以感受到互联网所带来的全球共同体、地球村等等，世界的每个角落都连接在一起，信息、资源、观念、思想等等都在通过互联网逐步实现开放和共享，整个世界成了一个命运共同体，在这个命运共同体中，人类共同面临的挑战和机遇，包括文明秩序的建立、价值观的共融、求同存异、多样性、同理心等等，无不闪烁着人类的智慧和新人文精神的情怀。

互联网教育时代的教育目标，要以新人文教育观为视角和标准来进行重构和定位，从而推动互联网教育和教育的改革，真正体现并实现个人价值、社会价值和时代价值的取向，即要体现教育的个人担当，实现教育的个性化和人的自由全面发展；要体现教育的社会担当，围绕国家和社会需求，承担引领社会创新发展的责任感和使命感，培养具有家国情怀的创新型人才；要体现教育的时代担当，充满人文关怀，培养互联网时代具有全球观念、人类整体意识等新人文精神的适应未来发展的人才。

第二节 “互联网 +”时代教育课程的重构

一、课程变革的新图景

在教育过程中，课程伴随着学习者的一生。无论是在学校教育时期，还是进入社会后的职业技能教育，都是通过课程来实现知识、技能、经验等学习资源的传递，也正是在不同的课程平台上，教师与学生之间实现不同形式的互动，完成教育的目标和价值。互联网教育背景下，课程的理念、课程的目标价值、课程的形态、课程的特点都与传统的课程不一样，需要构建基于多元化的价值目标和课程观。

（一）课程理念的重新审视

在互联网教育背景下，课程不仅仅局限于传统的教室，其内涵延伸到社会、生活、社区、网络虚拟课堂等方面，因此，课程理念需要从多个维度多元视角来审视。①

（1）课程作为教育社会化的方式。教育的本质是社会化的一种有效途径，因此课程也可以被视为是个体社会化的过程。课程通常被视为是实现教育目的的手段，在这种思维之下，课程是教学过程中所要达到的教学目标、教学预期结果或者教学活动的一种标准化规范。夸美纽斯认为不同的学科形成差异的知识体系，并通过课程这一形式完成教学目标。塔巴将课程视为“学习的计划”，这种定义将课程视作个人社会化的一种有效规范。课程是“按照一定的教育目的，在教育者有计划、有组织的指导下，受教育者与教育情境相互作用而获得有益于身心发展的全部教育内容。个体通过课程，即教育规范的约束和知识图式的积累，实现融入社会的最终目标。但是这种观点偏重于学校、职业等社会性因素的地位和作用，忽视了学习者个体的主观能动性，也未考虑学习者的需求差异。

① 胡乔，彭彦铭，陈强，等 . 体育学硕士研究生教育满意度调查研究 [J]. 武汉体育学院学报，2014，48（3）：87–91.

（2）课程作为主体性经验获取的过程。教学活动需要发掘学生自身的兴趣，自我组织，并在活动中吸取经验，掌握知识。这类课程定义强调了学习者在学习过程中自发获取经验和知识图式的行动追求，将学习者的需求作为课程的核心。但是也和现实教学情境有所脱离，一方面学习者并不是假设中的“完全人”，行动的决策选择并不是完全符合社会规范的；另一方面教学活动也丧失了规范的社会功能，教育者的功能受到忽视。

（3）课程作为教师与学习者交互发展的活动。课程不仅是教育者或者学习者，甚至是社会某一方面的行动，现实中的课程需要各方行动者参与到其中的“情景”，在这种情景下教育者与受教育者交互活动并获得发展。一方面，教育者需要承担起课程中的责任，负责传授经验和知识，以及科学地引导学习者树立正确、可靠的学习观念和取得教学实践所要达到的目标效果；另一方面学习者需要在课程这种特定的学习环境中获得学术的、运动的、情感的等多元化的经验积累。

在互联网教育背景下，学习的途径变得异常广阔，信息传播的速度和方式也变得多种多样，每个人都有可能成为某一领域的信息先驱。在这种破除信息传递壁垒的环境下，课程的重心也将随之发生变化，传统的识记性知识在课程中的比重将降低，而更多的是致力于探索知识获取技巧。因此，一切单方面的知识或者经验的传递式的课程都不符合互联网教育背景下的教学目标理念。在互联网教育背景下，学习者在教育者的指导下探索问题的解决途径，并掌握知识经验积累的有效方式。

（二）课程目标价值的重塑

互联网信息时代背景下，未来课程发展总的趋势是随着学习的新特征而变化的。互联网课程学习是以学习者的需求和知识技巧的掌握为核心，同时带有时空泛在特点的“个性化学习”。这种课程的变迁主要表现在价值观的变化、课程培养目标的变化、内容的变化、组织形式的变化等多个方面。传统课程到互联网课程的发展过程显现出分离与融合的双重特征。课程发展的分离与融合是指时间与空间分离和教学形式的多元化，是指知识内容、学习边界以及教学与技术的不断融合。

进入到互联网时代，人类社会已经被互联网所包围，人类一言一行都离不开互联网的影响，这种全方位的深入性融合使得互联网技术不单单是一种与教育相分离的工具。不同于以往技术或是方法层面上的改革，互联网时代的课程进入到互联网课程阶段，更多的是一种教育范式的颠覆。互联网课程不仅将互联网技术融合到完整的教学过程中，而且互联网所到之处都将成为课程的素材，现代教育的发展处处显示出互联网的脱嵌性、虚拟化、数字化、智能化和个体化的特点。

互联网时代下新的价值目标的树立，使得整个教育领域出现重大的变革。在互联网信息技术发展的时代，互联网的发展不仅引发了信息技术的突破，而且带来了社会环境的改变。互联网课程与互联网信息技术的关系不仅仅局限于“内容—工具”的二元分离关系，而是呈现出一种相互融合的，共生共荣的依赖关系。在互联网课程阶段，互联网作为信息技术的代表形式，从课程外在形式逐渐智能化、数字化，到课程目标、课程设计等一系列课程认知，都显露出互联网的思维，可以说互联网融入课程实践的各个方面。

（三）课程观的重构

（1）基于个性化的全面自由发展。在互联网信息时代，个体化社会逐渐崛起，互联网教育背景下的学习也凸显个性化的服务。互联网教育时代的教育特征之一就是为学习者提供个性化的教育服务，学习者可以自由地浏览、阅读自己想要知道的东西，只需要在搜索引擎上输入词语。特别是大数据时代，各个网络平台能够根据注册用户的习惯、经常浏览的页面、搜索关键词的分类，对用户进行有针对性的消息推送。互联网课程教育与平台正是根据学习者每次点击的内容进行分析，以获得关于用户的丰富的基础信息，包括想要学习的学科、所关注的知识版块、所感兴趣的展现方式，或者是对于课程所看重的要素等等。这些学习偏好在现实的学习环境中，往往被忽视或者被学习者刻意地伪装，但是在互联网这种较为隐蔽的虚拟个人空间中，个人的真实想法就更好地展现出来。课程平台通过海量的基础信息以及用户偏好数据，针对不同的学习者，设计出差异化的测验、作业并推送知识。

（2）基于未来社会对人才培养的需要。互联网教育的课程体系面向培养未来社会各行各业所需要的人才。未来学校的课程应着眼于国际组织及世界各国所提出的21世纪核心技能培养目标，要着眼于我国学生发展核心素养框架，基于学生未来生活需要，提高学生未来生活和生存的技能。课程设计的内容和形式都要有前瞻性和时代性。

（3）契合学生个体认知、性格、情绪等特点。互联网教育背景下的课程是让学校成为学生生命成长的精神家园、让学校更富生命力与创造力的课程，是让每个学生成长更加不同，让每个学生人格更完善、人性更完美、人生更完满的课程，是基于时代需要、更好地培养 21 世纪核心素养的课程。

（4）满足学生个性化发展需要。除了被动地根据学习者的点击习惯进行个性化的课程设计，互联网课程也突破了现实中地域与时间的壁垒，使得“一对一”的理想教学形式得以实现。在现实的传统课堂上，由于教与学是一种“一对多”的关系，受制于个人的能力和精力的限制，教授者对于学习者作业的反馈通常存在着一段空白期，一个时间差。互联网课程通过计算机等智能系统，使得每个学习者都能够在第一时间将教学过程转化为学习成果。

二、课程形态的新探索

互联网技术的发展在教育领域掀起了重大的变革，互联网与教育不断融合，从互联网信息技术只是作为教学的辅助性工具，发展到两者之间的联系日益紧密。网络课程的出现正是互联网时代网络与教育结合的产物，也是未来教育发展的新兴领域和载体。

（一）课程特征：“融合”与“联合”

1.“融合”

互联网教育背景下的课程特征是“融合”，具体表现如下：

（1）互联网教育背景下的课程与信息技术的深度高质融合。互联网信息时代的课程强调信息技术应用于教育，服务于学科知识，其出发点首先应当是学科，而不是技术。这种课程应以先进的教育理念为指导，创设情境，突出教学重难点，以教育信息资源为支撑，实施多元动态的教育评价，将自主学习、合作探究相结合。未来学校的课程要以信息技术为载体，实现课程实施方式的转变、课程实施模式的重构、课程实施效率的提高、教师信息素养的提升、学生自主学习能力的提升。

（2）互联网教育背景下的课程促进学科之间的融合，使知识由分裂、封闭、单一，走向整合、开放、多元。互联网教育背景下的课程强调以学习者的经验、个体生活和核心素养为基础，打破学科的固有界限，以真实问题为核心进行课程重组，重点开展“综合课程”“主题课程”“STEAM 课程（创客教育）”等方面的探索。互联网教育背景下的课程所促进的学科之间的融合，不是对原有学科的简单删减，而是需要全面梳理国家课程、地方课程、校本课程中重复交叉的内容，采取删减、融合、增补、重组等方式，增强课程实施的综合性，灵活开展大小课、长短课、阶段性课等课时安排，积极探索跨学科协同教学。

2.“联合”

互联网教育背景下课程的另外一个特征是“联合”：互联网在线课程实现了校内校外课程资源的联合。互联网教育背景下的课程提供者，不仅是学校和教师，也可能是社区、家长、社会企事业机构。家长的参与、社区丰富多彩的活动、社会企事业和一些文化机构所开展的业务，都是互联网教育的课程资源。互联网教育背景下的课程实施场所，不局限于学校的空间，同时还关注走向大自然、走向社区、走向社会，在大数据、移动互联网和物联网等信息技术的支撑下，学习空间得到更大程度的延展，更好地体现“泛在”课程的理念，使学习无处不在、随时发生。互联网教育背景下的课程能有效实现知识与生活、知识与社会实践的联合。互联网教育背景下的课程可以转变过分注重知识学习、轻视实践体验的状况，增加学习者动手实践和体验感悟的机会，密切学习者与自然、与社会、与个体生活的联系，让学习者用多维度的视角去发现和解决问题，去体验和感受生活，从而培养学生的创新精神和实践能力。

（二）课程体系：“适”与“微”

1.“适”

“适”，是指适合信息时代人才的培养目标。互联网教育背景下的人才培养目标是培养个性化全面发展的、具有家国情怀的创新型人才。互联网教育背景下的课程体系突出培养信息时代人才的核心能力和素养，涵盖了知识、技能和个人品性，具体包括批判性思维、问题解决、创新、协作、数据搜集与沟通等方面的能力。基础教育阶段要培养的学生的能力包括：母语交流能力、外语交流能力、数学能力及科学和技术基本能力、数字化能力、学会学习能力、社会和公民能力、首创精神和创业能力、文化意识和表达能力等八种能力。以此为核心，培养素质全面的合格公民。新一轮工业革命背景下的人才培养目标是培养出综合素质全面发展，具有信息化能力和综合职业能力，能够将自身价值与社会价值、人类价值紧密结合起来，亲近自然、热爱社会的高素质劳动者和创新型人才。围绕“培养个性化全面发展的、具有家国情怀的创新型人才”这个核心目标，课程体系要体现的核心素养包括文化基础、自主发展和社会创造三个方面，具体又体现在人文底蕴、科学探索、学习能力、家国情怀、责任担当、创新创造等方面的核心能力和素养。

2.“微”

“微”，是指互联网教育背景下的课程体系由微课程组成。传统的课程体系中，每一堂课都是 45 分钟，学习者在固定的课堂中完成固定时间的学习。而互联网教育背景下的微课程则是既有线下的“整”学习，也有线上的“微”学习，利用移动互联网可以让碎片化时间得以充分利用，随时随地增加“微”课程。具体来说，可以从两个方面入手：一方面，积极开发适合“微学习”的学习资源。移动互联网时代，可以利用碎片化时间随时随地学习课程内容，提高了学习的便利程度。但需要对传统课程内容进行调整，改变章节或单元的课程内容模式，将学习内容分解成知识点，每一个知识点关注一个问题，聚焦一种主题，强调学生对某一知识点或程序的掌握。这种微课程一般不能超过 5 ~ 8 分钟，适合进行碎片化的学习。另一方面，开发适合学习的 App 资源。移动 App 越来越受欢迎，学习者可以在自己的移动端下载教育类 App 学习课程，其最大的特点是灵活性强、易操作、不受时空限制、互动方便等。

三、课程设计的创新

互联网思维就是在（移动）“互联网 +”、大数据、云计算等科技不断发展的背景下，对市场、用户、产品、企业价值链乃至对整个商业生态进行重新审视的思考方式。互联网不仅带来了纯粹的技术革新，也使整个社会发生了变化，并影响和改变了人的生活方式、行为习惯，更重要的是改变了人们的思维方式、思想理念等更深层的东西。在互联网引发的教育领域的变革浪潮之下，课程设计也受到了互联网技术与互联网思维的综合性影响，不仅需要技术方面的支撑，也要体现用户思维、个性化、开放共享、平等协作等因素。建立在互联网技术和互联网思维基础上的课程设计研究尤为重要，甚至在一定程度上决定了未来互联网教育的发展和方向问题。目前，无论是线下实体课堂还是线上互联网课程的具体设计研究，在我国都是十分缺乏的，仍然处于实践摸索阶段。科学有效地对课程进行合理设计，更有利于课程质量的改进和课堂教学效果的提升，同时也有利于进一步深化课程改革，规范教育者的专业技能，并最终产生本土化的教育实践理论。

课程设计是指在一定课程观或者一种教育思维下，为达到课程目标对课程内容等方面所进行的机构化组合和安排。课程设计是课程内容的具体筛选器，它通过融合课程发展的目标，确定在课堂上教学者需要教授些什么以及怎么教等内容。可以说课程设计是课程活动中关键的一环，决定着课程内容选择、课程实施等活动；也可以说课程设计是连接课程目标和课程内容与课程实施的枢纽。互联网教育中的课程设计深受互联网思维的影响，因此互联网课程是在明确互联网课程原则和目标的基础之上，系统地、自上而下地围绕着课程发展目标，充分利用互联网的优势资源而达到互联网教育目标的组织。

（一）教学设计创新：以学习者为中心的用户思维

1.基于教学对象的设计

将课程设计置于教学过程的整体视角来看，研究者不仅要在某一具体课程的设计上进行研究，而且要根据不同教学对象进行完全不同的课程教学设计。梳理以往学界对于互联网在线课程设计的研究成果，依据教学对象进行划分的课程设计研究差异较大，分类方法也存在差异。互联网课程设计可以划分为“高等教育互联网在线课程设计”“职业技术教育互联网在线课程设计”以及“企业培训网络课程设计”三种类型，这三种教学对象是目前互联网教学应用较为广泛的三个领域。这三种不同的教学对象的课程设计之间存在较大的差异。“高等教育互联网在线课程设计”偏重于学科知识的掌握和专业能力的培养，在课程设计方面追求课程内容的系统化、组织化以及科学性，认为互联网课程需要提供大量的学习资源和学习支持，保障学习者自主学习的环境。“职业技术教育互联网在线课程”是针对培养应用型人才而设计的，这种课程形式具有明确的职业定向性、以产业生产为主导以及课程实施成本较高的特点。“企业培训互联网在线课程设计”更加注重结合职场工作的实际需要，课程的内容也偏重于不同工作部门的职业要求。

2. 教学的模块化设计

无论是课程长度、学习知识的碎片化特点，或者学习者自身学习特点，都要求学习内容呈现出一种可重复、随时随地能够学习的特点，学习内容因此具有模块化特征。学习内容的模块化使得学习者能够自主控制学习速度，学习过程可以随时反复，随时开始。课程内容划分为不同的教学版块，这些版块自成体系，相互独立。学习者可根据自身的需求和能力选择不同的版块进行学习，教学者也可以根据学习目标的变化，将不同的版块进行整合，以适应学习需求和教学进度。

（二）内容设计创新：以个性化服务为重点的资源共享

课程内容是课程中所要表达观点、解决问题、建构的事实以及处理方式的集合，是教学过程的核心部分。当然，课程内容的选择和特点受课程所采用的课程观以及课程目标的影响，可以说，课程内容随着课程目标的确定而完成，互联网课程更是如此。互联网时代具有信息爆炸的显著特点，在这种几乎是无限的信息资源中，必须依据一定的目标和标准来选取合适的资源作为课程内容；同时随着互联网信息技术的发展，课程内容的深度和广度都大大地拓展；在互联网时代人们的生活学习习惯也在发生改变，在任何一个时间段、地点，人们都可能有学习的需要，课程内容也需要适应这些新变化。在互联网时代中，教育与互联网的融合不断深入，教育领域出现了新的变化和挑战，课程内容也出现了新的特点和应用方式。

（1）课程内容来源的广泛性。互联网连接是一个无限的空间与时间，它可以触摸到世界各地的每个角落，追溯历史和描绘未来。可以说互联网背景下，课程所面对的知识资源是无限的。除了突破时间和空间的限制，知识与个体之间的接触也从间接转化为直接的方式，个体可以直接接触到不同层次、多个梯度的专业知识和内容。课程内容也不再是教育者的专享权力，而是教育者与学习者共同建构的成果，甚至学习者在这种基础上能够发挥更大的影响力，他们的兴趣和爱好决定了课程内容的选择。

（2）课程内容强调学习者的主体性。互联网课程在学习者点击进入课程学习的界面时，就已经开始围绕着学习者设计合适的教学过程，根据学习者以往的学习特点和学习经历，推送适合的学习课程和学习内容，跟踪学习者的学习轨迹，随时掌握学习者的学习状况，并及时进行反馈指导，改进课程设计，实现因材施教的理想化教学目标，有针对性地解决学习者在学习过程中所遇到的问题，提供人性化的学习服务。

（3）课程内容的“简单化”设计。课程内容的“简单化”并不是指知识水平的降低，而是知识呈现方式的新变化。课程内容的“简单化”指的是在知识展示的设计上遵循“短小精悍”的原则，每段教学过程或教学视频为 8 ~ 15 分钟的长度，在每段教学视频中，只包含 1 ~ 2 个知识点，内容的展现结构简单。以短视频为基本教学单元的教学模式和知识组织方式，正是互联网课程适应“知识碎片化”社会环境的结果，这样的进化模式更加有利于学生记忆和理解新知识。

（三）课程形式设计创新：以学习效果为导向的人性化设计

1. 以视频设计为主流

教学实践可以通过传统的黑板书写，或者是多媒体等形式展现出来，互联网教育主要是利用内容多样的视频形式。互联网课程通常使用预先录制视频的方式进行，也存在采取网络直播平台教学等多种方式，目前预先录制视频为互联网教育领域教学的主流形式。实时网络直播虽然更具吸引力和互动性，但是这种视频形式对于网络平台的要求较高，对于教学者的课程把握能力也是很大的挑战，教学的成本和困难程度相应较高。无论是预先录制还是实时直播，相比黑板书写，在线教学视频吸取了传统教学过程的优势，将文字书写融入视频中，使得学习者能够感受到直观的知识展示；同时互联网课程的设计也更加关注学习者的持续注意力，互联网课程的长度是 8 分钟左右，而非传统课程 40 分钟。以视频为主的教学资源，比较适应互联网课程的教学特点，全世界的学习者都能够使用和学习。

2. 增加互动环节

梳理互联网课程的实践形式，互动模块主要分布在课程实践的各个环节。在课程开始之前就会与学习者进行互动，了解学习者想要得到的、感兴趣的知识点或者是课程形式。互联网课程设置课程讨论区，选择同一门课程的学生组成一个特定的学习小组，以论坛的形式进行讨论、提出问题与表达不同意见。课程讨论区的运作模式大致是由学习者所提出的问题引发的，学习者自主参与讨论，提出初步的意见或者答案，经过讨论之后，教师再引导学习者探索问题的解决或者直接给出正确的解答方法。教师之间也存在类似的组织，以便交流教学经验，最大化适应互联网教育的新方法。互联网课程的教学目标是最大程度上激发学习者的学习兴趣，提高他们的学习质量，引导学生进行更加有意义的学习。这种课程需要学习者参与课程建设，学习者与教育者共同建构课程的教学环境。学习者真正地参与到课程的教学过程中，与教育者频繁互动。

3. 呈现出“短小精悍”的特征

互联网课程具有个性化的特征，同时缺乏教师直接有效的督促，现阶段也没有学分或者证书的吸引力，学习者很容易在课程中放弃学习，难以形成连续的课程教学。因此在课程设计的起初，就必须考虑到学习者学习的动力、动机和有效注意力等因素。过长的互联网在线课程会使在线学习的效率下降，学习者可能会丧失学习兴趣和学习动力，对互联网课程的满意度下降。根据以往视频教学的经验，互联网课程一般依据知识点或问题划分为 8 ~ 12 分钟的视频，每周授课时长在 2 ~ 3 小时之间，单科课程的预计总时长是 15 ~ 35 小时。这种短小精悍的模块化课程能够充分适应各类人群的学习环境，学习者可以反复地、随时地进行课程学习。

4. 课程的问题导向

课程可以开始于一个问题的提出，结束于一个问题的解决。互联网课程的展现形式更多地呈现出短小精悍的特点，更加适合问题导向，而非教材导向。每一节互联网课程围绕着一个问题展开，教学者引导学习者自主解决问题，学习者在这种教与学的互动过程中学会解决问题。

开发微课的关键是聚焦问题，以知识点、事件、环境为载体，指向学生解决问题的能力、方法、思维的培养。教师特别注重从教学过程中敏锐地发现恰当的选题，以便解决学生的疑点、难点和易错点。在激发学习热情和主动性的同时，让学生掌握学习的方法，生成学习的能力，给他们营造一个自我成长的思维环境。

第三节 “互联网 +”时代的智能化教学

以移动互联网、大数据和云计算为代表的新技术是一种“变革性技术”，其独特之处在于使用一种“变革性”策略而不是“改变性”策略来颠覆一个系统中现行的占支配地位的实践。和在其他社会部门一样，新技术在教育教学系统内部也具有颠覆性。互联网教育带来教育的变革正源于这种颠覆性特征，其核心表现在于重构了教育教学系统内部各要素相互之间的关系。互联网教育带来教学观的变革、教学过程的重组、教学空间的重构、教师角色的转变和教学模式的创新。互联网教育不仅重塑了教育教学系统的结构，而且改变了教育教学系统的过程与行为模式，使其效率不断增强，复杂程度不断提高，时空场景持续扩展。①

一、教学方式的转变——信息技术催生新的教学方式

互联网教育是在全球信息化的大背景下产生的，是互联网时代的教育。随着新兴技术逐渐被运用到教育领域，如 3D 打印、教育游戏、社会性虚拟社区等对教育信息化的集成，慕课、开元硬件、学习分析等的应用，云计算环境、虚拟实验室、大规模在线开放课程、翻转课堂以及慕课的迅速发展，开放课程、开放数据、开放资源、开放教育、开放存储、开放思维等观念的进一步深入人心，互联网教育开启教学变革的步伐正在一步一个脚印地向人们走来。比较有代表性的是以物联网为基础的智能化教学、人工智能带来的个性化智慧教学、虚拟现实带来的沉浸式教学及教育 App 带来的教学游戏化。

（一）基于物联网的智能化教学

物联网对教学最大的贡献用一句话概括就是对教学世界的感知与针对感知的服务。物联网即物物相连之网，最先是由麻省理工学院自动识别研究室在 1999 年提出的。物联网是通过信息传感设备，如传感器、射频识别（RFID）技术、

① 黄伟.多媒体融合时代下河南省体育学硕士研究生知识储备研究[D].郑州：郑州大学，2014：12–45.

GPS 系统等，将物体与物体、物体与互联网连接起来识别与管理。物联网是建立在数据云储存、业务云之上的，是将智能终端通过先进网络相连的一个业务数据智慧处理体系。物联网可以实现人与人、人与物、物与物、物与互联网之间的连接，方便人们对事件和物件进行识别、管理和控制。在物联网的世界里，所有的人和物在任何时间、任何地点都可以方便地实现互联互通。物联网虽然以互联网作为基础，是互联网的延伸和扩展，但是其核心却不是互联网，而是面向实体世界的感知和对感知的服务。在物联网的世界里，可以实现任何物体与物体之间的信息交换和通信，实现了物理世界和信息世界的无缝连接，进而实现现实世界与人的无缝连接。

物联网是面向实体物理世界，以感知互动为目的，以互联网和人工智能为基础但又超越智能化、超越互联网的物理与信息深度融合的全新系统，它关注的是外部现实世界的事件和事件的感知。物联网为教学环境的变革提供了技术支持。物联网的信息传感设备能自动感知学习者的学习位置、所处的学习环境、正在学习的学习内容以及进行的学习活动，甚至学习者与环境或他人的交互情况等信息，并经过大数据的分析处理形成对学习者行为和需求的理解，据此来对学习活动进行管理，提供最高效能的使用环境。随着人工智能、移动互联网和大数据等新技术的不断发展，物与物、人与人、人与物将走向万物互联的时代。万物互联，一个小小的插线板可以连接网络，而后用户就可以在任何地方远程控制插线板的开关。可以远程查看教室里的灯光和温度是否合适，如果还没有达到合适的程度，手机会给予提醒，并能够自动调节教学的光线、温度和声音。

物联网还能为学习者提供智能化的、个性化的学习支持。在物联网中，通过嵌入到学习和教学空间的各类传感器来感知分析学习者当前的位置环境；通过登录时的学习者身份认证系统，可以知道学习者信息、操作习惯、个人喜好；通过学习跟踪仪或者可穿戴设备，可以记录学习者的学习行为（如拍照、记录等）、预先的学习计划、学习的起止时间、学习路径或课程序列、学习者与设备之间的交互情况，学习者与他人的交互情况，学习者学习绩效和个性化需求等。物联网将这些信息传输给服务器，由服务器终端提供给学习者合适的、智能化的、个性化的学习支持。

（二）基于人工智能的个性化智慧教学

人工智能是研究、开发用于模拟、延伸和扩展人的智能的理论、方法、技术及应用系统的一门新的技术科学。从大数据、算法到智能化推荐，从机器人成为围棋世界冠军到机器人写稿，人工智能正逐渐走进人们的生活，当然也包括教育。人工智能对教育的支持主要体现在智慧教育、智慧教学。人工智能支持个性化的教育。在教学过程中，人工智能通过分析学生阅读材料并回答问题的情况，可以判断学生对知识的掌握情况，从而有针对性地提出学生需要掌握而未掌握的问题，帮助学习者以最容易接收的方式掌握该掌握的知识点。在大数据的支撑下，系统可以描述每个学习者的学习特性。人工智能通过跟踪学习者的学习痕迹，分析学习者的学习信息，及时给学习者提供更多的个性化帮助。人工智能支持下的个性化教学是智能化的、可定制的教与学。在信息（知识）时代，人工智能、物联网、云计算等新一代信息技术在教育领域的应用推广使得智慧教育有新的内涵和特征。

人工智能支持智慧教育。在教育信息化不断发展的进程中，智慧教育应运而生，智慧教育是互联网教育不断走向教育信息化过程中的一个新的高度。智慧教育的本质是智能化的，可定制的教与学，其核心是物联网、云计算、大数据和泛在网络等四大技术，通过智能技术或设备高效整合分布于全球的学习资源和学习群体，构建智慧学习环境、研发智能化系统及产品，为每一位学生提供全面的学习支持服务，培养学习者的创新能力、批判思维能力、问题解决能力等高阶思维能力，培养智慧人才。智慧教育是互联网教育在教育信息化进程中发展到高级阶段的产物，在智慧教育过程中，学习者是自我导向且有自我内在动机的，学习过程中是有趣的，学习过程是可定制的，学习过程是有丰富资源支撑的。

（三）基于虚拟现实的沉浸式教学

虚拟现实（VR）是通过计算机、大数据等技术模拟产生的三维空间的虚拟世界，虚拟现实提供关于视觉、听觉、触觉等感官的虚拟模拟，观察者可以选择任意一个角度，观看任一范围内的场景和物体，帮助使用者获得身临其境之感。

虚拟现实的特征主要包括：①多感知性。虚拟现实除了一般的视觉感知以外，还有听觉、触觉、味觉和运动感知，在教学中的运用可以让学习者感知很多学校里无法实现的现实世界，如在虚拟现实中感受沙漠、冰雪世界。②沉浸感。沉浸感是体验者感到作为主体在虚拟环境中的真实程度。虚拟现实的沉浸感在教学中的运用可以让学习者全身心地投入到三维虚拟学习环境中，激发学习者浓厚的学习兴趣，产生高效率的学习效果。③交互性。交互性是体验者对模拟环境内物体和环境的可操作程度和反馈的自然程度，如学习者在虚拟太空环境中感受太空的失重。④构想性。虚拟现实可再现真实存在的环境，也可以随意构想客观不存在的甚至是不可能发生的环境，为教学提供情景化、真实性、自然性的环境和情景支持。

与虚拟现实相关的学习理论是虚拟沉浸理论。虚拟沉浸理论主要是指在虚拟学习中，学习者高度集中注意力，在虚拟的情境中过滤掉所有不相关的知觉，进入一种沉浸的状态。根据沉浸理论，未来的学习可以利用虚拟现实环境，让学习者足不出户就可以感受到头脑风暴，如同在现实世界中的感受一样。利用虚拟沉浸技术，可以支持以下方面的教学：

（1）知识学习更加形象、更好理解。虚拟沉浸可以再现现实生活中无法观察到的自然现象，也可以通过虚拟再现事物的变化过程，为学习者提供形象生动的学习资源，有助于帮助学习者加深对抽象概念的理解。比如，在地理课上，丘陵、沙漠和雪山将不再是一个个的地貌名词，学生可以通过 VR 去感受和体验每一个地貌的特色。

（2）探究学习更有趣，印象更深刻。虚拟沉浸可以对学习者提出的各种假设进行模拟，通过虚拟现实技术可真实地观察到这一假设所产生的结果和效果，从而达到探究学习的目的。比如，在化学课程上，复杂的化学反应是怎么被发现的，又有几个反应过程？学习者可以在细微的世界里，把自己缩小到分子级别，去探索究竟。

（3）技能训练带来虚拟的沉浸。学习者在虚拟的学习环境中扮演一个角色，通过沉浸在角色中的实践学习，学会现实中因为场景限制而无法学会的技能。比如，虚拟现实的课堂就很好地解决了汽车驾驶培训的问题，这也适用于飞行驾驶、重型机械操作等。

二、教学过程的重组——组织模式的变革

在传统的教学环境下，受教学时间、教学空间和教学资源及设备的限制，教学主要以班级授课为主要形式，以教材为主要学习资源，由讲授教材、分析和传授知识、巩固知识和运用知识几个环节组成。然而，在互联网教育环境下，翻转课堂、游戏化闯关学习、数字学习资源、社群互动工具、信息化教育管理平台、电子档案等信息化角色介入教学过程，改变了传统教学过程系统中的教学环境的时序结构，使知识的感知、理解、巩固和运用等融为一体，也使得教学过程更加符合教育心理规律。

（一）形成多元化交互学习共同体

教学过程是学生在教师的指导下，对人类已有知识经验的认识活动和改造主观世界、形成和谐发展个性的实践活动的统一过程，其本质是教师有目的、有计划地引导学生，促使学生积极主动地发展，逐步达到培养目标的要求。在互联网信息技术支持下，互联网教育的过程就是师生充分利用现代信息技术，支持和利用多元化交互、满足学生个性化学习、提倡智慧课程教育、多元评价等，有目的、有计划地展开教与学的双边交流互动，形成多元化交互学习共同体，共同完成教学任务的认知活动与实践活动。

教学过程包括教师、教学媒体、教学信息、学生四个要素。随着互联网等新技术进入教育领域，教学过程的四个要素都将随之发生变化，它们之间的关系和作用方式也会发生变化，整个教学过程必然会被重构。如网络媒体带来了信息呈现的多媒体性、资源的丰富性与共享性、交互方式的多样性等特点。教师与学生的关系也发生了变化，教师不再是信息的唯一来源，学生可以通过互联网获取大量的信息资源，学生的学习活动也改变了单一的看书、听讲的传统方式，教师与学生之间的交互、学生与学生之间交互的方式更为多样与灵活，新的互联网技术给传统教育带来了新的元素，渗透并参与重组整合，颠覆传统的教学过程。具体而言，互联网教育给教学过程带来的重组主要体现在“四个改变”：互联网教育改变了教师、学生、教学内容和媒体之间的关系；改变了严格固定的教学进度和统一规范的教育体制；改变了教学交互方式；改变了教学组织形式。

1. 改变教师、学生、教学内容和媒体之间的关系

教学系统的结构包括教师、学生、教学内容、教学媒体等四要素。互联网教育颠覆了传统的班级授课模式。在互联网教育的形式下，传统的教师角色发生颠覆性变化，教师由课堂教学的主导者和知识权威转变为教学的组织者、设计者，学习者的陪伴者、指导者、帮助者和促进者，学生良好品德的引导者和良好情操的培育者；学生由知识的被动接受者转变为学习的主体、知识建构的主体、情感体验与培育的主体。云教育、大数据、可汗学院、微课堂、微学分、微学位、游戏化教学等新技术和新教育方式的出现，要求教育向分散化和协作化发展，颠覆传统的班级授课制。互联网教育在教育理念和教学模式方面的新实践，为教育变革提供了新的方向。

2. 改变严格固定的教学进度和程序

互联网教育打破了传统学校教育中严格固定的教学进度和统一规范的教育体制，以往传统的课程目标、内容、结构都受到学校严格的评价体系控制和制约，而互联网教育将固定年级的课程转变为以短视频呈现，以知识点为单位，方便选取、方便学习、方便转让、方便销售，将更多的选择权和自主权给了学习者，以更实用、更个性化地满足学生需求。创始于美国可汗学院的翻转式教学就是一个很好的实例。传统的课堂教学程序是学生先预习，然后教师上课讲授和学生听课，最后才是学生在课堂外做作业，教师批改。翻转式教学将这种过程反转过来。学生在课余时间就可以利用互联网在线视频自由上课，做作业，自主学习。在正式的课堂上，将自由学习和做作业中的问题请教老师，老师在课堂上可以及时辅导，同学之间也可以相互交流，进行思想碰撞。

3. 改变教学交互的方式

在传统教学过程中，教师与学生的交互往往发生在学校中课上或课下的面对面交互，对于教师与学生来说这种交互的时间是恒定的，交互呈现出明显的单向化和单一化特征。教师与学生之间较多发生的是一对多的单向广播式交互。但是，在互联网教育背景下，教师与学生的交流方式有很多，除了传统的面对面的交流，还可以利用微信、微博、App 等多种方式，实现与学生实时或异步的交互，实现一对多、多对多的交互，教师既可与学生进行面对面的教学互动，也可运用多媒

体网络的交互控制性，与学生实现实时与非实时的交互，实现个别化辅助教学。借助社交网络，学生可在教师指导下，与来自世界各地的不同领域的专家或学习伙伴进行交流、讨论，拓展和强化学科知识，这些都极大地提升了教学交互的效率。

（二）走向虚拟化、分散合作化和智能化

互联网教育颠覆了传统的教学模式和教学过程，改变了传统教学系统的过程和行为模式，重组了教师与学生、学生与学生的关系，呈现出多元化交互学习的共同体，并且推动教师、教学媒体、教学信息、学生等要素之间的重新组合，呈现出以互联网信息技术为支撑的新的时代特征。

1. 教学组织形式虚拟化

与传统学校组织形式相比，虚拟化在未来学校和未来的课堂中将是一种常见的教学组织形式。在形式上，没有固定的地理空间和时间限制，组织成员通过高度自律和共同的价值取向共同实现组织的目标。在教学场景中，虚拟主要是指基于网络环境下的教学活动，包括非面对面的教学实施、教研活动、虚构的教研专家、智能化的教研资源配备等等。但是，需要强调的是，虚拟化在本质上必须有实的一面。传统的深入课堂、深入学科组的研究形式仍然不可缺失。虚拟化的技术手段能够跨越时空，为教学提供更加方便、快捷甚至智能的工具，使教学能够更有成效。总体而言，在未来学校中，虚拟与现实紧密结合才是完整而科学的内涵。

2. 教学组织形式分散合作化

分散式合作教学的教学服务主要针对分散的学习者提供答疑解惑、教学支持和教学评价等个性化的学习服务，有利于发挥集体的智慧，兼具“自主”和“集中”的特点和优点。互联网教育中教师的角色不是建立在学生之上的权威者，而是学生学习的合作者和引导者。教师与学生之间不是森严的层级关系，而是一种扁平化的关系。此外，互联网教学平台是开放的，教学资源也是开放的，实现学习资源的开放和共享。

3. 教学活动和过程的智能化

未来教室将是体现智慧型教学的一个重要载体，它将彻底颠覆学生、家长对教室的理解。在未来教室中，没有黑板，也没有粉笔，更没有教科书，只有一个

像超大屏幕的电子白板，只要轻轻一指，各种教学资源就以图文并茂、声像结合的形式出现在学生的眼前。传统的书包、课本、学具将被电子书包所代替。在教学组织上，时间和空间的限制将被打破。在互联网教育环境下，老师可以灵活地布置作业，学生也可以随时随地完成作业和提出各种问题。教师可以借助智能化的阅卷与分析系统，给学生快速、个性化的反馈。

三、教学空间的重构——没有界限的多维教育空间

（一）以学习者为中心间

互联网教育背景下的教学空间以学习者为中心，促进学生的成长，符合面向未来的教育新理念。新的教育理念认为学校不再是学生学习的唯一途径和场所，正规教育与非正规教育的界限变得模糊，学校与社区会有更紧密的结合。这种结合体现在，一方面学校的学生会利用社会资源进行学习，另一方面学校的一些资源会向社区开放，成为社区公共服务的一部分。大数据、人工智能、移动互联网、云计算等信息技术带来的不仅是教学媒体的变化，更重要的是教育观念、学习方式、评价方式、师生关系等方面的变革。未来学习空间的研究以学习者为中心，促进学生的成长。

以学习者为中心，促进学习者批判性思维发展和激发多种潜在能力。布朗和卡皮诺基于学习科学的新进展，对创新型学习环境的设计理论进行了深入研究，提出要建立学习型社区（Fostering Communities of Learners，简称 FCL），旨在为学习者营造良好的信息技术支持下的学习环境，促进学习者批判性思维的发展和激发多种潜在能力。FCL 向学习者提供各种学习支持，尤其是分布式技术、认知工具与元认知工具、协作交流工具、问题解决工具等信息技术的支持。布朗等人提出要在真实情境中开展创新型学习环境的研究，即通过基于设计的研究方法，研究信息技术支持下的新型学习环境，有力推进了学习环境研究在方法学层面上的创新。21 世纪以来，世界各主要国家都在不断探索信息技术支持下的新型学习环境，尤其关注以大数据、人工智能、移动互联网和云计算为代表的信息技术在教学中的运用，智慧教学和个性化教学带着巨大的活力出现在教学实践中。

在互联网教育背景下，教学空间能感知学习情景，识别学习者特征，为学习者提供合适的学习资源，提供便利的互动工具，而且还会自动记录学习过程，给

出学习结果评测。以学生为中心的教育理念已经被广泛接受，这种理念已经切实体现在互联网教育的空间设计之中。互联网教育的空间不仅是学校，还有学生成长的地方，因此校园户外空间的设计要给学生留有充分亲近自然的场地，绿化不仅仅是为了校园的美观，而且是要把户外空间与学生的课程密切结合起来，让绿化成为教育资源，让空间成为学习生长空间。

总体而言，互联网教育背景下的教学空间以人工智能、大数据等信息技术为支撑，科学分析和挖掘学习过程中的学习情境信息和数据，为学习者提供个性化的学习支持。

（二）虚实结合无处不在

无处不在的教学和学习空间。未来的学校，社区化、实践性、体验式学习所占的比例会越来越大，教学空间更加多样化。随着移动学习被越来越多的人接受和认可，出现了一批移动学习软件，极大拓展了传统的教学空间。互联网教育背景下的教学空间要综合考虑课程实施以及学生成长对空间特别是公共空间的需求。学习空间不仅在教室内，还包括教室外和户外、虚拟空间。

互联网教育背景下的教学空间要满足集体授课、小组讨论、个性化学习、展示、表演、游戏、动手做、种植养殖、运动等方式，其中既包括了正式学习，也包括了非正式学习。因此学习空间的设计必须是多样化的，需要打破原有的工业化时代的线性设计模式。有研究指出，21 世纪学校物理空间必须要支持 20 种学习方式：独立学习、相互学习、团队合作、教师一对一教学、讲座、项目式学习、远程教学、学生展示、研讨式学习、讲故事、基于艺术的学习、社会和精神的学习、基于设计的学习、游戏化学习等。

虚实结合的教学和学习空间。互联网教育强调在真实的世界中学习，同时也注重虚拟空间的设置。无论是一个学校还是一个班级或者一个组织，都可以有意识地创建自己的虚拟空间。很多学校开设了官方微博，有的学校开设了微信公众平台。这些都是拓展学习空间和教学空间的实践，也是未来教育空间的发展方向，可以让老师、家长、学生感受到虚拟空间，并通过这样的空间最快地知晓信息。学校或者组织也可以通过这样的空间来宣传自己的文化，提供组织与受众沟通交流的平台。

（三）注重文化传承和审美

教学空间的构建是实现教与学方式变革的基础。早期对教学空间的研究侧重于物理环境，如对学校建筑空间的研究，对座位安排、设备布置的研究，对教室温度、光线、颜色等的研究，对教学媒体的研究等等。比较有代表性的是由美国密歇根大学建筑研究实验室主持的“学校环境研究计划”，其主要研究内容体现在两个方面：一是从宏观上探讨环境对人类行为的影响；二是从微观上研究学校环境是如何影响学生学习过程的。到了 20 世纪 60 年代后期，随着人本主义思潮的兴起，有关学习环境的研究开始重视教学中的社会心理因素，认为心理因素也是影响学生学习的一个不可忽视的因素，更加注重教师和学生对学习环境的主观感受，不少研究者还将学校和课堂视为社会情境。

从 20 世纪 90 年代开始，信息技术支持下的学习环境研究得到了迅速发展。一方面，信息技术和计算机网络的进步，为新型学习环境的构建提供了技术支持；另一方面，心理学理论的发展，尤其是建构主义学习理论和情境认知理论的发展，为新型学习理论的构建提供了新的理论支持。这两者在学习环境设计中得到了有效融合。

对互联网教育背景支持下的学习环境及空间的研究主要有两种视角：①心理学视角；②生态学视角。基于心理学视角的学习环境研究主要集中在课堂环境的研究，关注个体行为与学习环境之间的关系；而基于生态学视角的学习环境研究则侧重于学校环境的研究，关注学校情境中个体与环境之间的关系。传统信息化学习环境的变革重在改变教学过程中的物理学习环境，而忽视了人文学习环境或社会文化经脉。互联网教育背景下的教学空间既关注面向未来的教育理念，同时也注重无所不在的虚拟学习空间，更注重文化传承和审美空间设计。

学生在学校的成长是多方面的，其中与学校建筑和空间相关的是人格养成、审美能力培养、好奇心、学习生活的热情和社交。互联网教育背景下的学习空间不仅仅是学习的容器，更应该是培养学生精神气质的场域，教学空间所传递的文化和审美对学生的成长至关重要，是影响学生成长的重要因素。因此互联网教育背景下的空间设计注重文化传承和审美趣味，以适应不同年龄段的学生成长需求。

四、教师角色的重塑——师生关系的转变与教师专业成长

在互联网信息时代，社会的变革对人才有了新的要求，为适应这一变化，教育的变革越来越重要，而教师作为变革者就更加重要。随着互联网教育的发展，互联网去中心化、分散化、平等性、交互性、共享开放等特征正深刻地影响并颠覆和改变着传统教育教学的理念、思维和方法，特别是在移动互联网时代所构建的学习生态圈中，对创造性和智慧性的要求越来越高，教育在互联网技术的作用下变得越来越多样化和终身化，学习越来越个性化和泛在化，教师的角色必然要围绕学生创新能力的培养进行重塑，成为推动教育变革的关键力量，成为互联网教育中不可或缺的重要构成主体，并发挥越来越重要的作用。

（一）教师角色的重新定位

1. 教师角色的转变

互联网教育背景下，教师的权力正在去中心化。互联网教育作为互联网在教育领域中的应用，其教育形态特征与互联网的结构特点存在千丝万缕的联系，互联网是网状结构而不是层级结构，它没有中心节点。这是一个“所有人对所有人传播”的时代，人类交往发展得越快，权力扩散的趋势也就越明显。互联网教育的本质特征也决定了教师的权力转变。互联网教育也将在“一场交往的革命”的本质中体现着教学中知识权力的分散。知识的权力正从老师向网络学伴、网络专家、行家等力量扩散。学习者只要电脑、手机可以连上互联网，就可以搜索和获取信息和资料，传统教育中的知识、经验、信息不再专属于教师。由此，互联网时代的教学首先要转变对待知识及知识传递的态度。传统媒体时代的教育是建立在教师权力相对稳定的基础上，而网络时代的教育则是建立在权力分散流动的基础上。

教师的权力正在被去中心化，意味着教师的角色要发生改变，教师需要从传统的角色定位中解脱出来，从知识的拥有者、传递者转变过来。在传统的应试教育中，知识传递的目的性强，权威性也很强，方式方法比较简单，但却常常因为应试教育的指挥棒使得知识的传递成为教师最主要的职责和工作，其实，教师对学生思维的启发、引导，对学生的情感沟通、价值观引领是最重要的，然而在现实的教学中常常被忽略，这恰恰是在“以人的全面自由发展”为目标导向的教育

中需要重视的。

在互联网教育时代，知识的传递相对来说比较简单，学生可以通过互联网教育平台对接各种学习资源，获得所需的知识，而不局限于从教师那里获得知识。不仅如此，有时候学生获取的知识或掌握的知识比教师所掌握的知识还要丰富，从这个角度来讲，在互联网教育时代，教师拥有知识的绝对权威、唯一渠道将不可避免地丧失，教师要从过去的知识的传授者解脱出来，适应互联网时代对创新、智慧人才的新需求，承担新的使命，拓展新的角色功能，发挥更重要的作用，由知识的二传手转变为培养质疑和创新精神的引路人。一方面是培养质疑精神的引路人。在互联网信息时代，学生获得知识和信息的渠道大大增加，面对海量的信息，教师必须引导学生去选择知识，自觉培养学生的批判和质疑精神。另一方面是培养创新精神的引路人。互联网信息时代教育目标变革的重点就是加强对创新人才的培养。创新人才的培养不仅是传授知识这么简单，更重要的是通过传授认知方式或认知范式来建立对世界的认知方法、途径和建构认知模式，培养学生创造性地认识世界、改造世界和解决问题。对创新能力的培养是教学变革的永恒追求，也是教师的使命所在。因此，从创新和质疑这两个角度来讲，互联网教育时代，教师的作用和地位更加重要。

2. 教师职业的作用进一步体现

（1）教师在教育中的"育人"作用无法替代。学校教育模式是在工业文明中为大规模培训生产线的工人而设计的，其特点是规模化和批量化，有人将学校教育模式培养出来的人才比喻为工业流水线上的产品，统一而无差异。在互联网信息时代，以 3D 打印技术为代表的新技术标志着信息时代突出个性化的时代特征，社会需求个性化的人才和创新型的人才，为此，教育也需要为培养个性化人才而改变。学校教育是在家庭之外实现社会化的第一步，即学会做人和学会共存的重要组成部分。在"移动学习"和"大规模开放式在线课程"的背景下，虽然技术加强了教育"教"的层面，但是"育"的层面离不开教师面对面的熏陶和影响。教师面对面的教育不仅传递知识，还给孩子以美德、艺术等层面的熏陶。教师不仅要教育学生健康成长，实现个体自由全面的发展，实现个性化发展，同时还要教育引导学生承担社会责任，将个体价值和社会价值统一起来，在实现社会价值中实现个体价值，成为具有家国情怀的创新型人才。从这个角度来讲，教师的功能和作用变得更加重要，教师职业不仅不会消亡，反而会因新的角色发挥更大的育人功能。

（2）互联网教育背景下，教师角色的内涵有进一步的扩展。教师角色的定位和互联网时代的人才培养目标息息相关，尤其是在新人文教育观的影响下，教育正在由技术技能目标观向人文价值目标观转变。学生不仅仅要掌握知识、技术，更重要的是要提高综合素质，如沟通能力、协作精神、创造精神、批判思维等，把握未来文明前进的方向，担负起人类社会发展的使命。在互联网教育中，互联网技术日新月异，教师对互联网新技术的运用也不断走向深入。但问题的关键不在于此，教师不仅要关注技术本身，而且要重新回归到教学的本质，回归到育人的本质。互联网新技术不仅仅是用来解决实际教学问题的，更重要的是使教师从繁重的知识传授中解脱出来，更好地去思考教育的本质，更好地通过传授思想、方法、途径、认知范式等来引导学生建立认知世界的经验方法、思维方式、认知模式。教师要运用先进的教育理念来设计和规划教学过程，引导学习者更好地学习。互联网教育背景下，不管技术怎么发展，教师这个光荣、伟大、崇高的社会职业也不会消失。

3. 新时代教师的使命

教师这一职业不仅不会消失，作用反而更加重要。在互联网教育时代，教师的角色定位与教育目标变革、人才培养目标变革等紧密联系在一起。在大数据、人工智能、移动互联网、云计算的时代背景下，以互联网为基础的新技术推动教育变革已经全面展开，教师是教育变革的践行者，是新技术与教学深度融合的设计者、执行者、促进者和引导者。教师对新技术的运用水平及教师本身的知识水平、能力素质、责任感将成为互联网教育发展和应用的核心要素，教育变革的成功与教师的作用密切相关。同时，互联网教育参与教育变革的速度和成效，还取决于教师如何认识和使用互联网等新技术。

早期，互联网只是起到简单的教学工具的作用，比如，教师利用 PPT 可以很方便地展示教学内容，减少和压缩板书的时间，利用与教学相关的图片、视频等可以让学习者形象地感知教学内容的历史文化背景，更有利学习者对所学内容的理解。在这个阶段，教师对于互联网技术与教育的整合能力还不高，还很难创造性地运用互联网技术推动教育变革。随着教育信息化的不断深入，教师对互联网技术的理解、认知和应用也在不断地提高。如教师利用大数据进行教学决策，利用人工智能和物联网的有关技术开展智慧教学，提供个性化的教学和学习服务等。当教师在教学中自觉地运用技术时，他们关注的不仅仅是技术本身，而是回归教学，真正发挥育人功能，使技术成为一种手段，并通过互联网技术来传递传授和实现教育的目的。

综上所述，互联网技术对教育变革的影响和作用都跟教师存在莫大的关系，教育变革能否实现，教师是关键因素。教师作为互联网技术应用于教学的第一执行人，他们的教育观念将会直接影响互联网教育对教育的变革。教学内容由教师来设计,各种基于互联网技术的教学模式最终必然体现在教师的教学实施过程中，如果没有教师的应用推广，互联网教育背景下的各种新的教学方式、教学过程、教学模式都只能是空谈，大规模的互联网教育资源和硬件设施也发挥不出应有的效果。实践证明，教师在互联网教育教学中扮演着更加重要的角色。正是认识到教师在互联网教育推动教育变革中的关键性作用，世界各国在推进教育信息化的过程中，都很重视对教师开展新技术的培训，注重教师的专业发展。

（二）师生关系的重构

在互联网教育背景下，在线学习、泛在学习、交互学习等学习方式的创新，使学习者在任何时间任何地点都能够进行学习，推动了教育资源的共享开放，创建了学习共同体这个生态系统。每个学习者既是知识的“生产者”，也是知识的“消费者”，形成新的学习生态。信息技术的影响还不仅于此，还在更大范围内解构着传统教育模式固有的各个主体、元素之间的关系模式，并重新构筑新的关系模式。其中，师生关系是传统教育模式中最重要的关系之一，在互联网技术的影响变革中，正在发生新的变化。

1. 教师为主体的结构解体

互联网技术以巨大的力量推动着教育的发展，也塑造着教师。互联网技术的飞速发展带来了教育领域的一系列变革，而教师无疑是教育变革的中坚力量，教师在教学观念、教学方法等方面的成功转变都将是互联网教育推动教育变革的体现。在传统的教学中，教师采用的是粉笔加黑板的单一教学模式，教师是知识最主要的来源，学生是知识的被动接受者，教师在教学中占有主体的地位。但在互联网教育背景下，移动互联网、平板电脑、电子书包等元素进入教学中，教师不再是学生获取知识的唯一来源，由此教师与学生的角色发生了转变。

首先，教师不再是知识权利的中心，随着学生可以通过互联网随时随地获取学习资源，以教师为主体的结构解体，学生是学习的主体，学生会对很多感兴趣的领域进行主动探索。教师要适应新时代角色的新要求，就必须不断学习新知识，改变旧的教学观念，变主导关系为互为主体的关系。

其次，互联网教育背景下，社会对人才的新要求需要新的教学观、教学理念和教学方法，要求教师必须不断学习，不断更新教学观念，更新自我的知识体系，以适应新时代下对教师的专业能力的要求，适应新型人才培养的需要。互联网教育的教学环境为教师的发展提供了多种渠道，教师可以通过网上自主学习，通过互联网研修平台与其他教师或学生进行沟通、交流，认真思考总结，不断提升自己的教学效果，有效地促进自己的专业发展。

最后，学生可利用丰富的互联网学习资源，可借助不同的信息平台获取相关信息，教师作为知识权威的角色面临着改变。互联网教育背景下，以教师为核心的主体地位正在不断被解构，教师在探究式、任务驱动式、小组协作式等新型教学模式中构建新的师生关系，形成学习共同体。

2. 交互的多元化与师生互为主体

在传统教育中，教师在教学环境中处于主动的地位.而不是从属的地位。从传播学的理论来讲，传统教育中面对面的师生交互，无论在交互信息反馈的及时性还是在沟通交互的效果、交互的深度以及情感感染方面，都有较好的效果。目前的学校教育，包括社会教育中的教育培训，都是采取面对面的交互为主。面对面的交互虽然体现了交互的深度，但是在交互的广度方面却有其自身的局限性，因为面对面的交互只有在固定的时间、固定的空间内才能发生。随着互联网信息时代的到来，知识日新月异，知识的更新速度呈爆炸式增长，单纯的学校教育已经不能满足人们对知识的需求，单纯的面对面交互已经不能满足人们在知识追求过程中对问题的解答和分享，亟须新的交互方式来满足信息时代对知识的需求。

互联网信息时代，每个人都处在变化之中，每时每刻都可能面临新的问题、新的需求，需要不断地更新原有的知识结构和解决问题的方法、思维方式等。未来的信息社会必然是学习型社会和终身教育的社会，学校教育只是每个人终身学习的一个阶段而已，社会学习将贯穿于人们的日常工作和生活。但在互联网信息时代，人们面临学习和工作的双重压力，“工学矛盾”日益突出。随着互联网教育的不断发展，越来越多的学习者选择在工作之余通过互联网在线学习来继续学习。这冲击着面对面的交互方式，引起师生交互方式的根本性变革。在互联网教育中，师生的交互虽然不能实现物理意义上的面对面，但是可以通过网络视频进行面对面的交互，而且不管师生处在什么地方，都可以通过移动互联网发生交互，做到随时随地地学习交流。

在互联网教育背景下，交互的多元化使得教师与学生的角色发生了转变，师生互动的主体由以教师为主导转化为师生互为主导。移动互联网等信息技术的运用主要围绕着如何有效地辅助教师教学的层面来展开，人们正日益认识到教师的知识水平、能力素质、责任感将成为影响互联网教育的核心要素。互联网教育带来新型的师生关系，在互联网支持的教学环境中，教师可以随时和学生在一起互动。教联网成为学习活动中最重要的平台，学生、教师和管理人员无论在何时何地，都可以实现一对多、多对多的互动。只要学习者有需要，教师就可以与学生一起互动，这是一种全新的师生交互关系，教师不仅仅是学习活动的设计者和引导者，同时还是学生学习活动的陪伴者和分享者。教师与学生均是学习者，互为主体，两者在教与学中不是权威式的上下级关系，而是师生助益的民主化教学关系，是一种新型的师生关系和新的学习生态。

在互联网教育背景下，学习共同体正在逐渐形成。学习共同体是指参与学习活动的学习者（包括专家、教师及学生），围绕共同的主题内容，在相同的学习环境中，通过参与活动、反思、协作、问题解决等形式建构的一个具有独特文化氛围的动态结构，不管是在现实生活中的教室或课堂中，还是在互联网的远程教室或课堂中，教师与学生都围绕着学习任务，互为主体，相互讨论，共同分享知识、观点、思想和方法，共同探索解决问题之道，创新解决问题的方法。在教学和学习活动中，教师与学习者是一种“学习共同体”的交往关系，即教师与学生都有学习的任务和权利，教师与学生一起探索创新。学习是一种自组织行为，区别于传统教育的主导者地位，教师在教学活动的设计中，以学习同伴的角色进行设计和参与，让学习者有机会探索独特的学习交流方式，促进师生之间、生生之间积极参与的有意义的对话，分享学习者在探索学习中的快乐、感悟和体验，及时组织讨论和思考，引导解决疑惑，构建对世界新的认知模式和行为方式。

3. 以学生为中心的引路人与服务者

未来的教师以学习者个性化发展为中心，鼓励学生探索、创造，鼓励学生沟通分享，随时与学生互动，随时为学习者提供支持与服务。

（1）教师内涵的拓展。他人即教师。学习者可以随时随地和“他人”一起学习，向“他人”进行学习。这里的“他人”不是传统意义上的学校老师，而是在同学、父母、社区、社会之间创建的各种各样的学习关系。教师除了传统学校中的教师以外，还包括来自社区和社会中的各种角色，如桥梁专家、科研院士，甚至社区里的老人、高校图书馆的管理员等。这些社会中的角色可以更广泛更方便地参与到未来的教育体系中，带给学习者全新的学习体验。学习是生活过程的片段，学习对象是日常生活中的普通人、各行各业中的从业者、专业领域中的专家等；同样地，日常生活中的普通人、各行各业中的从业者、专业领域中的专家也是帮助学习的教师，因为，每一个学习者既是学习者，又是教师。学生的每一份作业都会得到专业人士的反馈。这些专业人士分布在世界各地，只要有台电脑就可以在自己的零碎时间里给学生批改作业，做评估反馈。教师也可以在教师和其他身份之间转换，教师可以今天站在讲台上，明天从事科研、办企业等，或者还可以白天在公司或者研究院所上班，晚上通过视频在线讲课；科研工作者、企业家、律师等各种职业人群只要获得教师资格证就可以当教师。教师与其他职业之间的流动性将大大增加，各行各业的优秀者从教将是一种新的趋势。

（2）教师职能的拓展。具体表现如下：

第一，思想的引领者。互联网教育背景下，虽然互联网能够给学生提供无限的知识和信息，但是在学习中遇到的知识和思想的孰是孰非问题需要教师的引导。在课程资源极丰富的互联网时代，选择、重构、再造教育资源是教师必须具备的基本功，教师需要指导学生选择课程，建立个性化的课程学习菜单。

第二，以学生个性化发展为中心，为学习者提供支持和服务。教育的本质是对学习者的支持和服务，在教学过程中，教师的任务不再是满堂灌地传递知识，而是指导学生如何获取信息，解决学习过程中的问题。在教学过程中，教师可以获得学生学习的大量数据，可以创造、管理和评价有趣味性而且个性化的学习体验，让每个学习者享受更加个性化、更有针对性的教育。教师作为学生学习的引导者，有义务根据学习者的认知水平、学习习惯、学习风格等组建学习共同体，将适宜在一起学习的学生组织在一起，通过现实或者虚拟的方式进行团队合作学习与讨论。教学将从教师个人的工作转化为运用互联网来支持团队的形成。

第三，鼓励学生沟通分享。大数据背景下，教师不再是互动的中心或信息的来源，师生之间、生生之间是扁平化的教学结构。教师要学习新的技能和适应新的角色，从掌握面对面的教学技巧策略过渡到既掌握传统的面对面的策略，又会设计以学生为本的学习方式。面对面的教学注重团队学习方式，让学生一起工作，互相沟通，分享学习的美妙经验，达到促进学习的效果。

（三）教师的专业化发展

教师的专业化发展是历史进步使然，也是信息时代教育变革的必然，是人类文明进步和技术进步融合的必然要求和趋势。在互联网时代，互联网技术在教育领域的广泛运用对教育产生了深刻的影响，互联网教育对教育目标、教学模式、教学方法、教学手段等产生了重要影响，既拓展了教育资源，也改变了学习者的学习方式，还不可避免地改变了教师的角色定位，赋予教师新的内涵和功能。在新的时代背景下，教师要与时俱进，适应互联网教育的价值目标、人文教育观，具备互联网时代下教师的专业素质，成为互联网教育背景下的合格教师。

1. 对教师专业能力的新期待

教师教学能力是教师专业发展的重要组成部分。传统教育中，教学能力是教师的重要能力，也是教师权威维系的重要功能。在互联网教育背景下，交互的多元化打破了教师的绝对权威，解构了教师的主导地位，教师的教学能力受到挑战。在新的时代背景下，教师的专业能力发展必须与时俱进。与传统教学背景下教师的教学能力相比较，互联网教育背景下教师的专业发展向以下方面转变：

第一，由“专注教学”到“关注社会的发展变化”。在互联网教育背景下，3D 打印能够将创意设计转变为实物，智能制造和绿色制造正在向人们走来，个性化、分散化和协作化的社会正在前进的路上。教师要预测不断发展的社会需要，并且与时俱进，以学生适应未来发展所需具备的知识和技能作为自己教学的出发点和归宿，让自己与学生一起在社会的变革中成长。

第二，由“单一的能力”向“多元化能力”转变。在传统的教学中，教师的主要角色是知识的传递者，而在互联网教育背景下，人才的培养要体现个人担当、社会担当和时代担当。教师不仅仅是知识的传递者，新技术的实践和运用者，更是培养学生创新精神的引路人，是一起参与交流讨论的学习伙伴，同时还是学习者个性化学习的服务者，是和学习者一起关注绿色生态和自然环境的地球生物圈的命运共同体，教师的内涵和角色的增多，需要教师由单一的能力向多元化的能力转变。

第三，由“个体性作用的发挥”向“群体性作用发挥”转变。在传统的教学环境中，教师的教学能力仅仅局限在本班级、本学校。在互联网教育背景下，教师的个体性作用开始向群体性作用转变。通过互联网教育平台，一堂好课不仅可以让本校学生和班级受益，甚至还可以让世界上任何一所学校的学生体验。而且，互联网教育背景下教师的协作交流更加紧密，教师通过同行之间的交流、对话与协作，形成集体教学智慧，发挥群体性的教学作用。

第四，由“直接作用发挥”向“间接作用发挥”转变。教师教学能力的发挥在传统的教学中是直接的、面对面的，在互联网教育背景下，教学的空间由传统的教室延伸到社会、社区、互联网的虚拟课堂，因此，教师教学能力的发挥既可以是直接的、面对面的，也可以是间接的、在线的、开放的。

第五，由“促进教师专业发展”向“促进学生全面发展”转变。在传统的教学环境下，教师专业能力的发展目的，主要是给学生传授知识和技能。在互联网教育背景下，教学的对象是千变万化、个性迥异的，每个学习者接受知识的方法和方式不一样，对能力的培养需求也不一样，因此教师的专业发展既要注重教学能力的发展，同时还要注重服务于不同学生个性和能力的全面发展。这不仅仅是形式上的变化，而且是教师教学能力发展的价值取向变化，是在寻求促进教师教学能力发展和促进学生全面发展的双发展。

2. 教师的专业成长

在互联网教育背景下，教育系统内发生了一系列变革，教师的工作职能变得更加复杂，更加具有创造性。互联网技术在教育领域的运用，对教学观、教学模式、教学方法、教学手段产生了重要影响。教师传统的教学能力已不能满足互联网时代对教师的要求，教师教学能力的发展与体系重构成为必然。在当代教育改革实践中，教师的工作职能出现了深刻的变化，这种变化极大地提高了教师劳动的复杂程度和创造性质。没有教师的发展，没有教师专业上的成长，教师的历史使命便无法完成。教师要与时俱进，发展自己，完善自己，努力成为一名合格教师。教师的专业化发展要求是历史进步使然，是互联网教育促进教育变革的必然。

互联网教育背景下的教育变革实践必然要求教师要不断更新自身的知识结构，提升自己的专业能力，适应新的历史时代背景下的教育变革。互联网教育背景下的教师专业成长应该关注以下方面：

（1）从时空的角度来看，教师借助互联网成为终身学习者，泛在化学习成为常态。借助互联网平台，互联网教育成为开放、共享的资源。互联网时代面对的共同问题都具有全球性、开放性的特点，世界处在不断的变化之中，时时刻刻都有新的事物和新的问题出现，很难形成固定的思维模式和解决问题的方式，需要创新思维、创新意识。教师作为教育的主体、学习的共同体，必然要面对瞬息万变的互联网的挑战，不断地更新自身知识结构，提升自己的信息素养，适应新的教学模式和教学方法。在大数据背景下，教师教学技能需要不断地发展与突破，这不仅包括新技术在教学中的运用，还包括互联网等信息技术支持下教师培养模式、策略、方法研究以及实践探索等教育思想和方法的重构。教师要与时俱进，发展自己，完善自己，努力成为互联网教育背景下的合格教师。

（2）从教学的角度看，教师需要和学生一起拥抱新技术。在互联网大数据背景下，教师的工作职能也变得更加复杂和具有创造性。互联网、大数据、人工智能、云计算等新技术正在走进教育教学，教师不仅要具有教学的技术技能，还要具备整合新技术与教育的能力，使互联网技术与教育深度融合，更好地发挥教育的功能和作用，如熟练使用互联网教育背景下的各种新工具，包括教育资源的智能检索工具，跨越时空教学的可视化展示工具，教学过程的实践反思、探究教学、思维汇聚工具，教育及教学评价工具、教学及学生的管理工具等，并将这些新技术工具与知识迁移到新的教学情景中。现在的学生出生在数字化的时代里，教师若要真正与学生融为一体，成为学习的共同体，就要适应学生的需求，与学生一起成长，和学生一起拥抱新技术，成为学生的同伴。因此，基于新技术在教学中的运用对教学思想、教学模式、教学方法、教学手段产生的重要影响，整合新技术与学科教育教学，实现信息技术与教育的深度融合是互联网教育背景下教师必备的基本能力和素质。

（3）从教师专业发展的角度看，需要强调体验、参与。在互联网教育背景下，教师从知识的权威者向权力去中心化转变，教师不再拥有绝对的知识和权威，而是要适应互联网教育的需求，重构新的师生关系，拓展教师新的功能和内涵，回归教育的本质。这对教师的专业素质提出新的标准和要求，要求教师的角色发生根本性转变，强调体验和参与，引导各类学习个体构建学习共同体，共同完成学习任务。教师的专业发展需要从被动适应转为主动参与，包括从传统教育下的个体工作向群体协作转变，从显性过程向隐性过程转变，从传播信息向培育智慧转变。教师要能够适应新的教学理念，探索新的教学模式，转变传统教学观念，如教师主体向学生主体转变、科学本位向科学与人文结合本位转变、知识技能接受学习向知识意义主动建构转变。

3. 网络研修的促进

在互联网教育背景下，促进教师的专业发展，不仅需要更新教师专业发展的理念，还要开发新的教师能力发展模式，如基于实践共同体的教师专业能力发展模式。互联网教育背景下的教师实践共同体是以互联网平台为载体，以促进教学和提升教师的专业能力发展为共同的目标，以相互分享和共同创造的文化为机制，以实践性的问题为导向的教师教学交流团体。教师在以互联网为基础的教学形态中，可以通过互联网研修来促进专业发展。

在互联网教育背景下，越来越多的教师通过互联网研修平台促进了自己的专业发展，实践共同体是互联网教育背景下教师专业成长途径的有益探索。很多一线教师反馈，刚入职时不知道从何发展自己的专业能力。在教学过程中遇到一些问题，在网上检索虽然有用，但是很多经验没有办法深入讨论和有效借鉴，针对学习者个性化的教学设计和教案设计也无法及时有效地找到。

在互联网教育背景下，可以通过搭建开放互动的网络研修平台来解决这个问题，比如利用微信公众平台及时记录教学过程性的思考。例如，教师输入关键词“教师生涯规划”，就能够详细告诉教师，从新入职教师到不同阶段的途径，还可以组织开展区域性“互联网学习空间主题式教研”“学科会诊指导”“网上示范课”“网上协作研讨”“网络专题讨论”等活动。针对教师的困惑与需求，教研员指导学科教师在互联网学习空间发表观点或撰写学习体会，发布互联网学习交流日志，互动交流，形成了“主题式研讨、分析与实践”的网络研修模式。通过慢慢积累，更好的教学设计和教案设计都能保留下来。

五、教学模式的重建——网络智慧教学模式

从“黑板 + 粉笔”到“电脑 + 课件”再到“云计算 + 大数据”，在互联网推动教育的变革中，最重要的一个模块是互联网带来了教学模式的变革。在互联网教育背景下，以大数据、移动互联网和云计算为代表的信息技术在教学中的运用，带来了教学目的、课程（内容）、教学方法、教学环境、教师、学生和教学反馈（评价）的变革，教与学模式的创新势在必行，网络智慧教学模式就是在此背景下应运而生的。

（一）网络智慧教学模式构建的基本理论

1. 情境认知与学习理论

情境认知与学习理论是关注人和环境相互协调的学习理论。其核心观点在于：学习者心理常常产生于构成、指导和支持认知过程的环境中，情境是一切认知的基础，认知过程的产生与情境息息相关。因此，认知心理学必须关注“自然界中的认知”。互联网教育是个人学习和情境学习的统一体，尤其是随着虚拟现实、物联网、大数据等信息技术加入教学环境的构建中来，互联网教育更加注重知识的实际应用和真实情景问题的解决。在以计算机网络技术为支持的学习环境中，学习者可以利用庞大的教育资源库（包括电子书、数字图书馆、博物馆和学习资源数据库等）、计算机提供的强大的功能（如网络设备共享、认知工具提供的认知功能、智能代理提供的引导学习功能等）和网络提供的通讯能力（比如和学习伙伴、教师、志愿者、家长交流）来构建一种理想的学习环境，使学习者能

够在更友好的环境中强化认知过程，实现个人的自由发展。

2. 智慧教育理论

智慧教育以物联网、云计算、大数据和泛在网络等四大技术为支撑，通过智能技术或设备高效整合分布于全球的学习资源和学习群体，构建智慧学习环境、研发智能化系统及产品，为每一位学生提供全面的学习支持服务，培养学习者的创新能力、批判思维能力、问题解决能力等高阶思维能力，培养智慧人才。物联网、人工智能、云计算、大数据和无所不在的移动网络等新一代互联网信息技术的飞速发展，为智慧教育观的形成提供了技术支持，尤其是互联网教育中的 E-learning 发展到移动学习与泛在学习，使得互联网时代的学习者对信息化下的学习环境和学习方式的要求也越来越高。在教育信息化不断发展的进程中，智慧教育应运而生，智慧教育是互联网教育在教育信息化进程发展到高级阶段的产物。在智慧教育过程中，学习者是自我导向的，是有自我的内在动机的，学习过程中是有趣的，学习过程是可定制的，学习过程是有丰富资源支撑的。

3. 个性化教育理论

个性化教育是指在对教育对象的综合分析和诊断的基础上，根据每个学生的现有个性，量身定制教育目标、教育计划，教育培训方法和管理方法，充分发挥每个学生个性发展的教育方式。个性化教育理论认为，教育承认个体之间千变万化的个性化差异，在此基础上进行教学设计和学习系统设计，教育不是千篇一律的。而互联网教育背景下体现个性化的教学模式，其本质是在尊重个性的基础上对教学方式的创新和实践。它根据个性差异提供人性化教学服务，使每个个体的潜能都能得以充分发挥。

（二）网络智慧教学模式构建的主要依据

第一，未来教学的发展趋势。未来的教学是各种互联网及信息技术设备相互协调工作的开放集成式的工作平台，是智能化的教学交互空间。智慧教育是互联网教育背景下教育的高级形态和必然趋势。其目的是促进互联网教育背景下教育的变革，发展学习者的智慧，培养创新型人才，培养智慧人才。

第二，教育变革实践的需求。现代信息技术在为教学提供技术支持的同时，也为传统教学模式与方法的改革与创新提出了新要求。信息技术在教育教学中的应用并不是简单地利用现代教育技术手段代替“教师+黑板”的传统教育教学方式，以实现教学内容形式的丰富和教学手段的提升，更重要的是教师要将信息技术真正融入教育教学过程中，实现信息技术与学科的双向深度有效融合。将信息技术应用于教学实践，可以促进教育思想与观念的改变、教育内容的丰富以及教学模式与方法的创新，从而实现信息技术与学科教学之间的双向深度有效融合。因此，互联网教育背景下的教学模式与方法创新需要对信息技术变革教学实践持有正确的观念，准确把握创新的最终目的与根本任务。

第三，异地为主的泛在学习。学习者通过大规模的网络在线课程，通过网络视频教学系统、多终端同步智慧教学平台等实现异地的泛在学习，学习者可以在任何自己方便的时间、适合的地点，观看并参与教师的教学，尤其是能与教师和教室里的学生进行实时互动。网络智慧教学模式不仅可对本地的学生进行教学，而且可对互联网终端的很多学生进行同步教学，互联网终端的学生还可以实现学生与学生之间的互动。

第四，现实教学中存在的问题。互联网教学中教师授课信息大，学习者不能全部掌握，需要高互动的交互，互联网在线课程虽然存在论坛等实时的交互，但是与面对面的师生交互带来的信息量相比，还存在一定的差距。参加在职教育、企业培训等非正式的学习者存在更多的“工学矛盾”，为了有效解决上述问题，学者们针对性地提出了网络智慧教学模式。

（三）网络智慧教学模式的构建平台

基于上述网络智慧教学的理论依据和现实基础，结合智慧学习教学系统和互联网异地多终端教学实际，互联网智慧教学模式得以构建。互联网智慧教学模式的构建主要有以下三个模块：

1. 多终端同步视频互动教学平台

多终端同步视频互动教学平台可以实现所有的终端如同传统班级一样在一起同步上课。每个学习终端相当于班级授课中一个物理意义上的学习小组，各个学习小组都可以同步接收教室授课终端的授课内容，各个异地学习终端之间还可以相互交流。教师可以通过教学平台同步看到所有的学习个体和学习终端的学习情况，学习者也可以通过自己所在的学习终端看到教师的授课视频。此外，学习者与学习者之间也可以通过自己所在的学习终端相互观察，发生互动。教师和异地学习者、异地学习者之间通过网络互通，如同面对面的授课一样，所有的学习终端都能同步看见、听见教师的讲课或学生的发言，所有的学习终端都可以参与互动。

2. 教学资源智慧分析与推送平台

教学资源智慧分析与推送平台主要包括智能分析与导航、个性化推送、动态资源汇聚与策展等部分。它基于对学习者个性、学习者特征、学习课程、学习目标任务的了解，提供学习资源推荐、学习路径选择、学习过程困难指引等服务，真正做到智能分析与推送的相关性、自主性和及时性。在学习之前，通过量表对学习者的性格、心理等各方面的素质进行测试，以表格、图形等生动直观的形式展现出来，参照标准进行比对，进行智能分析。在学习过程中，在大数据采集、挖掘、分析和聚合的基础上，根据每个学习者的情况，用数据化和学习需求动态结合的模式，对每个学习者实现基于个性化学习的路径引导。在具体的学习过程中，学习跟踪引擎针对每个学习者量身打造和整合内容，让学习者能在自己喜欢的地方、以自己喜欢的步调、符合自己智能类型的方法学习，还可以帮助学习者依据知识点之间的知识网络，主动选择意义建构的资源学习。

利用学习者在学习中留下的数据进行分析，深入地观察学习者现有的知识结构和学习需求，及时分析评价学习的效果，并对学习效果进行反馈，对学习者的学习过程进行跟踪。利用大数据技术，可以在系统汇聚各类数据的基础上，进行挖掘分析，为教育系统中环境、资源、教学与服务等智能管理提供科学决策。根据学习者的偏好和需求，进行个性化资源推送；根据学习者的现有学习基础、学习的需求，进行学习任务、学习项目和学习内容的推送；根据学习者在学习中遇到的困难和需求，适时推送个性化的学习服务，如帮助解决疑问，提供学习指导路径、学伴、学科专家等，回应每个学习者的个性化需求，保持学习者学习的积极性。

3. 情境感知智慧学习平台

在智慧学习环境下，通过情境感知智慧学习平台，利用情境感知技术可以实现对外在学习环境与学习者内在学习状态的感知，进而依据情境感知数据自动地为用户提供推送式服务。情境感知智慧学习平台还可以实现无缝连接，如实现教育管理者、教师和学生之间的无缝对接；学习者与学习资源、学习支持服务之间的无缝对接；教师与教育管理者、教学资源、多个学习终端之间数据的无缝对接等。情境感知智慧学习平台通过电子书包实现智慧学习实践，无缝连接学习者的不同学习情景。其中，教师端和学生端的主要功能如下：

（1）智慧学习平台的教师端功能。

1）用户鉴别：根据用户输入的用户名、密码判断用户合法性，读取用户所属班级等属性。

2）选择班级：用户选择本次课堂教学班级。

3）系统抓屏：老师可抓取教师机当前屏幕内容，并推送到学生端。

4）课堂客观题练习：老师在教学过程中，可启动答题功能，学生利用电子书包进行客观题解答，并提交到教师端，系统可实时自动分析本次课堂练习情况，给出总体答题情况、阶梯分数、答案分布、每题作答明细、答题错误率、答案占比情况等分析结果。

5）课堂主观题练习：老师在教学过程中，可将主观题目采用截屏的方式发送到学生端，学生采用手写答题，教师端接收到学生答题后，可直接查看，当堂点评。

6）同步数据：将电子教材等资源从云端同步到教师机，学生端下载教材资源时，可利用局域网直接从教师机下载，降低对互联网带宽要求。

7）资源推送：老师可在教学过程中，将优质学习资源通过教师端向学生进行推送，供学生进行课前预习、课后复习。

8）课堂交流：可实时查看学生举手状态及本次课堂举手次数，接收并显示学生课堂发言，具有小红花功能，老师可根据课堂教学情况向学生奖励小红花。

9）学生端锁屏：老师在课堂教学过程中，可按需锁定学生端屏幕，使学生能够专心听讲。

（2）智慧学习平台的学生端功能。

1）电子教材：根据学生属性，显示本学期教材目录，学生可从云端平台下载教材，并点击阅读。

2）同步练习：老师利用服务平台向学生推送教学同步练习，加强学生对各知识点的掌握。

3）课后作业：接收老师通过服务平台布置的课后作业，完成作业提交到服务平台由老师进行作业批改。

4）学习资料：接收老师推送的学习资料，进行课前预习及课后复习。

5）课堂互动交流：支持举手功能，可向教师端发送文字信息，进行课堂互动交流。

6）智能答题：接收老师课堂教学过程中推送的题目，并在答题区进行答题，答题完毕后将答案向教师端推送。

网络智慧教学模式既能实现丰富的学习资源共享，也能实现同步和异步的文字交流，还能实现多向视频同步教学和实时互动，为学习者提供较好的信息交互与共享、彼此沟通与协作、共同探究与提高的互联网学习环境与平台。它既保留了教学资源共享、在线答疑等精华，又增添了智慧学习理念指导下创建的多终端同步视频互动课堂教学环节，同时创造性地发挥了智慧学习平台的优势。网络智慧教学模式将多终端同步视频互动教学平台、智慧教学资源平台、情境智慧学习平台有效地加以综合利用，共同服务于互联网教育教学。对于互联网教育背景下的教育模式变革来说，个性化人才培养模式创新和创新人才的培养是其基本任务。因此，网络智慧教学模式是从理论和实践两个角度出发，在宏观层面上推进以及利用信息技术构建学思结合、知行统一、因材施教的创新人才培养模式的策略方法。

第四章
“互联网 +”时代体育教学研究

“互联网 +”的不断发展，为我国体育教学工作的改革与创新提供了良好的机遇，学校应该抓住其优势，有策略、有规划地进行教学研究。本章对“互联网 + 体育”课堂教学、“互联网 +”时代体育在线教育平台的使用、“互联网 +”时代数字体验式体育教学、“互联网 +”时代移动媒介下体育教学语境的多模态进行研究。

第一节　“互联网 + 体育”课堂教学解析

一、“互联网 + 体育”课堂教学的具体优势

（1）体育学习的探索性增大。在传统的高校体育专业教学中，体育教师忙着示范，忙着将知识灌输给学生，并没有过多的时间和学生们进行深入交流，了解学生对于知识点的具体看法。而基于移动终端的体育学习，将教师从示范动作的繁忙中解脱出来，可以随时与学生就体育学习的一些关键知识进行互动，如篮球技战术，与学生探讨一些更为深刻的体育理论与战术，将自己的经验传授给学生，使得学生能够掌握一些深层次的知识，提高学生的体育综合素质和

能力。[①]

（2）体育学习个性化。通过移动智能终端学习高校体育专业，学生可以根据自己的特点和需求选择体育专业课程。比如某些同学在篮球课中对三步上篮不够熟练，就可以重点关注三步上篮这部分的课程资料，使用智能手机播放或阅读三步上篮相关学习文件，自己跟着课程进行学习。在移动智能终端，拥有海量的体育教学资源，学生自主选择教学资源的同时，体育教师也可以根据学生的个性特点，为其量身制订体育专业学习计划，并结合计划为学生推荐相应的体育学习资源，明确学生体育专业学习目标，提高学生的体育专业学习效率。

（3）体育学习管理的智能化。移动终端与体育学习平台之间具有很强的交互性，只要将移动终端设备与体院教学管理系统对接，就可以实现一站式的教学管理服务，如学籍管理、考勤、选课、作业提交等都可以通过移动终端来实现，能够让课前签到、提交学生平常成绩更智能化。这在一定程度上简化了管理工作的流程，提高体育学院的学生管理效率，也在一定程度上也减少了教师工作量，规范了高效体育管理工作。

二、翻转课堂教学模式在体育教学中的应用

随着我国高校体育教学的深入改革，原有的教学方式已经不能满足现代体育教学的需求，以及社会对人才的需求。教学模式的改革与创新是现代教学中最为重要的一步，它对我国高校体育教学将起到至关重要的作用。新型的教学模式应适应现代社会发展需求，既要有技术动作的示范，也要有理论知识的讲解。为了构建一种新型的体育教学模式，要将翻转课堂教学模式引入。这一教学模式是利用计算机等科学技术手段改变原有的学习环境，使学生能够在课前观看教学视频，课后能够做到消化知识、理解知识。课中能够通过互动来达到师生讨论教学问题的目的。不仅能够增加教师与学生之间的互动率，还能让学生更全面、系统化地学习理论知识。翻转课堂赋予了学生更多自由学习、自由发挥、自由想象的空间，还给现代体育教学开辟了一条崭新的道路。

① 姜玉红．移动互联网场景下的高校体育教学改革研究 [J]. 西南师范大学学报（自然科学版），2018，43（12）：178–184.

（一）翻转课堂应具备的条件

第一，信息技术及设备的保障。翻转课堂就是让学生在课前通过互联网、计算机获取到教学内容及教师自行制作的学习资源包，以此让学生提前掌握所学的知识，在课堂上针对原有的教学内容来与教师进行互动讨论。这种新型的教学模式以互联网和计算机为基础，通过一种具有开放性及前沿性的教学方式来达到提升学生学习兴趣，调动学生的主观能动性的目的。

第二，学习者自主学习的能力。翻转课堂这一教学模式的顺利进行，与学生自身的自主学习能力是密不可分的。计算机、互联网是基础，学习者的自主学习能力是前提。学习者应通过使用这一学习课件来发现及整理其中的教学内容，认识自己对本知识的掌握程度及不足，在课上与教师积极互动，来完成教学内容的学习。

第三，学习者发现问题和解决问题的能力。翻转课堂打破了原有的教学模式，把传统课堂的“以教师为核心”变成了“以学生自主学习为核心”。在此过程中，学习者要有足够的发现问题及解决问题的能力，认真观看并理解课件或视频的内容，思考自己对这一课件或视频在理解上的不足。课前做好准备，带着问题上课。

（二）翻转课堂在体育教学中应用的重要性

翻转课堂教学模式有助于体育教学目标的高效实现。翻转课堂教学模式中，高校体育教师可以以说课、研讨、交流讨论等形式，就学校体育学和体育教学论的课程资源建设、教材编写、教学方法的应用等具体问题进行深入的探讨，为进一步提升学校体育学、体育教学论课程建设水平，不断提高体育专业人才培养质量，为“全民健康”提供智力和人力支持。翻转课堂教学模式要求教师要掌握较为系统全面的体育教学理论和技能实践，能够运用最先进的教学理念和教学方法让学生展开合作学习，进行探究式学习、自主式学习，不断提升学生的动手动脑能力和信息化水平。

（三）翻转课堂教学模式应用的具体措施

1. 有效进行课前设计

利用翻转课堂教学模式创新体育教学实践，在这种教学模式下，教师需要做好充分的课前准备，进行相关体育运动项目课程资源包的设计，将下节课需要教授的重点内容进行梳理，构建教学框架，设计成体育教学资源包，通过学校公开学习教育平台实现资源共享。学生对教师分享的资源包需自行下载预习，明确下节课的学习内容，对教师的整体教学框架和教学思路有一个明确的把握，做好课前准备，有利于课堂教学效率的提升。

2. 发挥课中教师的作用

新时代，要在体育课中实施翻转课堂，教师应适时进行引导和点拨，运用现代化教学媒体，结合线上线下的教学方式，针对每个学生的学习特点，因材施教，让学生回归课堂。翻转课堂实际上是对学生学习方式的改变及对教师教学方法的挑战，主要体现在能够让学生更专注于主动开始基于项目的学习、增加学习中的互动及强化学生探究性学习的过程。体育课中，教师的教学重点是和学生交流、讨论、答疑，共同研究，突破重难点。就翻转课堂教学模式的实施来说，体育教师要注重其各个环节的注意事项及度的把控。建议高校体育教师可以以视频为抓手，逐步进行课程建设，改变传统的教学模式，探索移动环境下的即时互动教学模式，改变传统观念，进行教学改革，以学生体育实际学习效果为导向，从而满足学生个性化学习和成长成才需要，让课堂生动有“温度”。翻转课堂中，教师要不断优化教学设计，充分调动学生自主学习的热情。

3. 引导学生进行课后学习规划

实施体育翻转课堂教学，教师在完成课前、课中的教学资源整理、设计、点拨、指导后，还需要注意在课后引导学生自主规划学习内容、学习节奏、风格和呈现知识的方式，让他们养成良好的体育学习习惯，改变以往的被动学习状态。另外，教师要注重对学生课中的学习情况进行总结，反思教学中存在的问题，从而不断进行教学设计和教学方案的调整和优化，总体上把握学生体育课程学习情况。例如，教师在课后根据学生在线上资源学习和技巧掌握中存在的疑问进行了解，统计多数学生在学习中遇到的共同难题，针对难题，制定解决方案，为学生在线解答或是在下节课进行现场解答，实现高效的教学互动奠定基础。

（四）“互联网 +”背景下翻转课堂体育教学变革

“互联网 +”持续变革翻转课堂实施的技术手段和理论设计，迫切需要构建适应“互联网 + 教育”形态翻转课堂的实施环境和教学模式。根据已有研究发现主要存在的问题包括：①翻转课堂教学环境固化严重且创新性不足，表现在实施过程同质化倾向，使用支撑技术普遍较为落后；②翻转课堂教学囿于传统课堂且网络化应用存在瓶颈，表现在网络化应用在课堂教学中受到较大限制；③创新的技术工具和环境与学科课程整合深入度不够且效果不佳，表现在实际采用先进的技术环境并没有对教学效果产生显著影响等。同时，创新的技术环境和模式却在不断渗透进翻转课堂教学：二维码教学促进了课堂信息便利化和形成多样化的传播方式；学习分析技术相关软件应用改变了教学评价和反馈方式；移动 App 组织教学创新了课堂内外的互动教学方式；微课程的移动终端化和网络化促进了以学生为中心的个性化教学形成等。

开展“互联网 +”背景下翻转课堂教学研究，有利于探究“互联网 +”带来的翻转课堂教学深层次的转型变革，重构传统课堂教学适应翻转课堂教学的创新教学环境和教学模式，生成网络翻转课堂教学的创新性教学环境和教学模式，深化翻转课堂教学的层次和水平，提高基于翻转课堂教学的效果和效益，促进学校教学改革与创新型人才的培养。

（五）“互联网 +”背景下翻转课堂体育教学框架

1.“互联网 +”背景下翻转课堂体育教学环境体系

“互联网 +”变革教学存在两种趋向：①传统课堂教学形态。通过互联网技术配置与理念创新，实现传统课堂形态的转型升级，构建面向网络时代的传统教学结构；②全网络教学形态。通过创造性的技术工具开展完全虚拟的网络教学，创新教学结构新模式，构建面向未来的虚拟教学结构。与之相匹配需要构建两种互联网翻转课堂教学形态模式，即传统翻转课堂教学形态与网络在线翻转课堂教学形态。环境体系是支撑教学体系的基础，应进行以下两种翻转课堂教学形态的设计研究：

（1）传统翻转课堂体育教学形态教学环境体系：资源体系。以微视频为基础的视频资源的设计开发，资源应当既适应传统网络环境的传播，又适应在移动终端设备上的传播，适应泛在环境下翻转课堂教学需求；教学软件。具有教与学两种功能，提供最优化的教学便利与最优化的学习便利，实现教师与学生、学生之间多向多媒体互动，同时具有教学与学习状态分析功能；硬件设备配置。包括课桌椅的灵活性变动以及教与学硬件设备开发摆放；课堂环境监测。包括课堂物理环境的实时调节，师生教学过程状态的大数据监测等。

（2）网络在线翻转课堂体育教学形态环境体系：资源体系。适合网络实时传播与展示的资源设计开发，适合网络实时共享与动态生成的资源运转模式；教学软件。适合网络同步与异步教学的软件设计开发，软件功能架构应当体现网络教学新形态需求；硬件设备配置。适合同步与异步教学的教师终端硬件设计开发，适合同步与异步学习的学生终端硬件设计与开发；课堂环境监测。包括师生同步与异步教学过程状态的大数据监测等。

2. 传统翻转课堂教学智慧体育教学模式

传统翻转课堂体育教学发展趋势走向智慧教学：翻转课堂适应智慧型、创新型人才培养需求，需要利用智慧教育的技术特征，即可视化技术、推送技术、情境感知、泛化学习、按需交互等，融合泛在学习、混合学习、移动学习等先进学习模式，集成开放建设、共享应用、动态生成、智慧进化的学习资源，创新深度教学、智能教学、开放教学模式，以智慧校园、智慧教室、智慧社区、智能软件为依托，构建智慧教师与智慧学生的能力结构模型，实现智慧教学与智慧学习。

传统翻转课堂体育智慧教学模式设计构建：设计学生课前知识传递的自主与协作学习模式，保障记忆、理解类知识的掌握；设计高效的课堂知识内化模式，以培养学生高阶认知能力为目标组织教与学活动，以教师为主导、学生为主体理念增强学生参与意识，以可视化监测学生学习状态为参考，实施及时有效的教学干预，实现学生深度有效学习，培养学生高阶认知能力；设计保障课后知识巩固与创新知识生成的问询讨论模式，实现知识同化与顺应完善认知结构，最终形成生态化的传统翻转课堂智慧教学实施方案，进行多轮次的教学实验修改完善。

3. 网络翻转课堂体育教学在线教学模式

网络翻转课堂体育教学形成与发展受益于网络教学的快速发展：网络教学时空分离的特性迥异于传统教学，数字化资源形式多样且海量存储，教师的教学行为、学生的学习行为、师生互动方式均发生了根本性的变革，网络教学正在实现将物化形态的技术与观念形态的技术进行前所未有的深入融合，发展结果是将会构建网络教与学体系，形成同传统教学共存的教学新形态，随之将会创新网络教学系统，形成网络教学设计体系，产生同学习者认知结构相适应、认知过程相契合的教学模式。网络教学设计理论层面的研究涉及网络教学设计样式、深度学习的教学设计、网络课堂生成性教学设计等方面；网络教学设计实践层面的研究涉及开放教育教学设计、网络课程教学设计、信息化教学设计等方面。

吸收网络虚拟教学优势，基于在线教学环境设计体系，以变革在线教学新形态为发展目标，构建网络在线翻转课堂教学模式：设计适合网络知识学习的课前知识传递模式，主要是在教师指导下的异质分组，进行自主知识学习与协作交流、互助学习；进行在线课堂教学设计，主要是根据教学需求分析，在学习状况评测的基础上再次进行异质分组；在线课堂知识内化设计，主要是立体教学环境创设与课堂教学实施过程设计；在线课后知识巩固与创新拓展设计。在实践教学的基础上在师范生专业中进行推广实施。

4.“互联网 +”背景下翻转课堂体育教学评价体系

构建评价体系有利于实现翻转课堂生态化发展：评价有利于教学模式与学习方式的持续改进，不断提高教学与学习效果；评价有利于完善改进教室物理环境，创新传统教室整体建筑；评价有利于优化教室数字化设备，具体表现在两个方面：一是创新设计教与学设备，更加切合实际教与学；二是优化布局数字化设备，弱化外在设备对教与学的阻碍，深入融合于教与学之中。

基于设计与实施过程情况，利用科学的指标体系构建方法，形成符合两类翻转课堂教学的评价体系：学生学习效果的多元评价方法与体系；教师教学过程、教学设计方案的评价体系；教师教学效果的评价体系。在评价过程与形成结果的基础上，提出促进“互联网 +”环境下翻转课堂教学有效实施的策略体系，从而对于提高高校课堂教学效果和改进人才培养模式起到一定的借鉴作用。

三、基于慕课的混合课堂教学模式在体育教学中的应用

（一）慕课与混合课堂

1. 慕课

慕课（MOOC），即 Massive Open Online Course，中文译为“大规模开放在线课程”，音译即为“慕课”，人们也常把它理解为慕名而来学习的课程。2012

年，慕课在美国兴起，它是一种为大众提供的可以通过网络进行学习的在线课程，是开放教育资源与远程教育衍化而来的一种新形式。慕课的定义便体现了慕课的特征。Massive 体现在慕课的课程资源丰富、参与者人数众多；Open 体现在慕课对学习受众、学习资源的全面公开；Online 意味着慕课的教学过程从教师的授课、师生互动、批改作业，以及学生的学习、生生互动、完成作业都是通过互联网完成的；Course 是指慕课包含学习视频、笔记等学习资源以及一系列教学设计，是一门完整的课程。

2013 年中国的顶尖高校与慕课平台的多次互动，标志着中国高等学府已经注意到慕课潮流，并顺应这一潮流逐步加入慕课的阵营。

2015 年 3 月，“互联网 +”行动计划被提出，将互联网作为当前信息化发展的核心特征提取出来，并与工业、商业、金融业等服务业全面融合。通俗来讲，“互联网 +”就是“互联网 + 各个传统行业”，但这并不是简单的两者相加，而是利用信息通信技术以及互联网平台，让互联网与传统行业进行深度融合，创造新的发展生态。在新的背景下，慕课就成了“互联网 + 教育”的全新形式，它沿袭了开放和共享的理念，通过信息技术与互联网技术的深度结合，打破时间与空间的限制隔阂，实现全球优质教育资源的共享，为学习者提供了与课堂教学相似的完整式学习体验。

2. 混合课堂

传统课堂能够延续至今是因为它有很多网络课堂没办法替代的优势，但是网络课堂也有很多独特的优势，而混合课堂就是把两者的优点融合在一起，这样不仅能发挥教师的引导、督促、启发作用，还可以调动学生自主学习的积极性、主动性以及创造性。混合课堂所体现的“混合”思路，主要体现在以下四个方面：

（1）混合两种学习环境。混合模式把传统的和新兴起的两种教学环境的各自优势有效结合起来，在虚拟的网络教学环境中，学生可以按照自己的学习习惯自主地规划学习，而不一定非要追随教师的学习步调，这充分发挥了学生的主体性，激发了学生的积极性。在真实课堂中，可以组织学生参加课堂互动，在这个过程中少了教师的组织能力与监督作用，面对面的学习能够及时发现学生的缺点并督促他们改正，也可以及时解决学生遇到的各种各样的问题，给予学生帮助，收集学生反馈，从而有效地指导教学工作。不管是传统课堂环境还是网络课堂环境都有一定的局限性，混合课堂打破了这种局限性，最终实现同步和异步学习并存的局面。

（2）混合两种学习方式。融合后主要有新兴的线上和传统的线下两种学习方式。在网络课堂中，学生能够根据自身的情况自主规划学习进程或通过慕课平台随时随地与学习同伴进行交流互动；在线下的传统课堂教学中，同学之间可以面对面地分享自己的想法、讨论共同遇到的问题。

（3）混合两种学习理念。这种课堂模式巧妙地把两种不同课堂模式的理论基础融合在一起，同时具有人本主义以及多元智能理论等。在这种新型课堂模式下进行的教学活动都不是凭空产生的，都具有一定的理论支撑。由于很多学生的基本情况不一样，偏爱的学习环境也不同，因此为了尽可能满足大部分学生的需求，这种新型课堂模式需要有多种学习理论的支持。

（4）混合两种评价方式。混合课堂主要包含的评价种类有形成性、总结性、他人评价和自我评价四种。慕课平台能够帮助老师了解每次布置的作业学生需要多久能够完成以及正确率有多高，也能够了解学生在线学习以后是否能掌握这些知识以及了解学生是否积极参加互动，老师可以通过自己了解到的具体情况对每一个学生进行综合评价。虽然考试结果不能说明全部问题，但是学校组织的月考、期中考试以及期末考试还是能够较客观地分析该阶段学生的学习情况。除了老师的评价，学生自己也要制订一些学习计划、活动计划，按照完成程度进行自我评价。

3. 基于慕课的混合课堂

随着慕课的发展，混合式教学被赋予新的含义。基于慕课的混合课堂是将慕课与传统课堂教学相融合的一种新型教学模式，充分发挥出慕课和传统课堂教学二者的不同优势。这样不仅能发挥教师的引导、督促、启发作用，还可以调动学生自主学习的积极性、主动性以及创造性，最终确保教学效率与结果最大化。在慕课的基础上，开发出的新型混合课堂，是把传统教学以及新兴起的网上教学中存在的所有优点集合在一起，该模式一边给学生提供网上学习的机会，一边组织线下课堂活动，鼓励学生积极参加互动学习，这样可以防止学生长期使用网络学习所产生的放任性，也可以杜绝出现不顾学生个性学习的现象，最大限度地调动他们的学习积极性。

（二）传统教学和慕课的混合课堂体育教学优势

1. 共享优质网络资源

随着互联网与通信技术的发展，各种在线学习资源纷纷涌现，从国家精品课程到视频公开课，再到慕课，在线学习的平台和资源也在不断改进与发展。除免费在线公开课（Coursera）、优达学城（Udacity）和大规模开放在线课堂平台（edX）三大国外慕课平台以外，另外还有学堂在线、爱课程中国大学慕课、优课联盟、超星慕课、网易云课堂、果壳网、慕课网、好大学在线、淘宝同学平台等。

慕课依托于网络平台，把来自世界各地的优秀教学资源在互联网上开放，全世界的学习者都可以使用这些资源，这使得优秀课程资源实现共享变成可能。尤其对偏远山区的学生、教育落后地区的学生以及行动不便的学生意义重大，慕课给他们提供了教育公平的机会。

2. 实现课堂教学与慕课优势互补

传统教学可以便捷地传授知识，同时面对面保障了师生之间情感的顺畅交流。但是传统教学中“以教师为中心”的教学方式不利于学生的个性化发展。而慕课在线学习资源丰富、公开免费、学习自由，特别是教学视频短小精悍，可以根据学习者的进度观看，方便学习者快速掌握知识。但是慕课缺乏监督机制和面对面交流，而且对学习者的自觉性和自控力要求很高，大多数学习者难以坚持，导致慕课的完成率极低。

根据传统教学和慕课固有的特点，要将二者进行完美融合，发挥慕课和传统教学的最佳效能。融合传统教学和慕课的混合式教学既可以利用学校严格的制度和教师的监督机制来改进慕课低完成率的缺陷，同时，传统课堂中的同伴学习和协作交流也能有效提高学生的学习效率。传统课堂能在真实情景下让学生感受到校园文化，教师的言传身教也对学生的情感态度与价值观产生一定的影响，从而培养学生成为独立的人。

3. 提升学生的学习兴趣

混合教学模式在高校体育课中以其独有的方式，实现了知识学习的个性化，增加了学习过程中的趣味性。在该教学模式当中，充分发挥了视频的作用，线上、线下双重保障，学生在学习的过程中有一个舒适的学习环境，教学氛围充满趣味性和紧张感，师生之间的互动促使学生在学习的时候进行不断探索。把一种崭新的模式提供给学生，实现了课上课下的翻转，课中设有弹幕，可以实时弹幕点评，增强了老师与学生、同学之间的互动性和趣味性；课下模块化的视频呈现出个性化的学习特点，给学生耳目一新的感觉。

4. 扩大学校知名度

学校通过在慕课平台发布高质量的课程，或者建立自己的慕课平台，提供给广大师生使用，对于学校形象的树立及其教育水平的彰显非常有帮助。同时还可以提高本校的竞争力，帮助学校宣传招生，从而提升学校的知名度。此外通过开展融合传统教学和慕课的混合式教学实践，还能推动其他课程的改革。

5. 丰富学生的学习资源

混合教学模式在高校体育课程中发挥出不错的效果，是一种有效且受欢迎的教学模式。该模式符合当下时代发展的需要，充分利用了智能手机这一个信息交流的媒介，通过移动终端平台，开展有针对性的教学，确保了学习目标的实现，使很多“低头族”的学生也爱上了学习，混合课堂教学模式试图以更独特的教学方式吸引学生的眼球，以更丰富的内容表现形式留住学生。在教学的过程中充分利用手机软件，使得在平时主要被用到娱乐上的手机成了学习的工具，这种教学模式充分发挥了手机的作用，为高校教学模式改革提出了新课题，这是时代进步的体现。学生在学习的过程中通过智能手机来上网，通过手机应用程序这一平台完成太极拳教学的预习任务；将老师用来示范的学习视频等进行手机留存，或者发布到学生自己的网上空间，学生自主学习，同时教师可以通过网络来获取到学生的学习进度和效果，对其进行专业指导；教师可以发布任务来巩固学生的学习成果，对其进行评比等等。在该教学模式中所采用的教学手段相对先进，教学思想和传统教育不同，是对过去的教育模式的改革，体现了教育领域当中的信息化、个性化水平。同时该教学模式的应用也丰富了学校的教学模式，促进了高校公共体育课教学的发展。

6. 促进学生运动技能的形成

混合教学模式，针对不同学生因材施教，在教学的过程中加以运用，结合每个学生的实际情况来开展教学，引导其个性成长。在教学设计的时候要考虑到每个学生的学习情况，采取阶梯教学方式，让不同程度的学生根据实际来选择教学内容。教师针对所教学生进行专门的个性化的定制，做出更加有效的改进方案，从而提高理论课教学效率。混合教学模式能够通过对视频的运用来加深学生对教学动作的了解和掌握，学生通过视频学习和课堂教学相结合的方式，在学习的过程中进行不断的反思和总结，从而形成正确的动力定型。教师将其所收集到的教学资源通过微信来分享给学生，学生根据自己的实际情况选择学习资料进行自主学习，在提高教学信息化水平的同时，提高了教学质量，学生的整体素质得到明显改进。在线教育和实体课堂的结合，有力促进了混合式教学的发展。

（三）基于慕课的混合课堂体育教学模式构建

1. 基于慕课的混合课堂体育教学课程设计

课程设计中最重要的就是教学活动设计。教学活动是教师为了完成课程中特定的教学目标而进行的操作总和。教学活动的设计要充分表现教学内容，并有机地联系学习者的认知水平。在混合式教学中，既要考虑到教师的主导性，又要重视学生的主体性。教师的教学活动不应该局限于传统教学中简单的授课或是让学生在纯网络环境下单调自学，而是应该帮助学生获得更加丰富的学习体验，支持学生进行多种形式的学习。教师就需要设计线上、线下的多种学习活动，以帮助学生顺利完成学习目标。混合式教学主要从以下三个环节来展开教学活动设计：

（1）课前准备。课前教学活动主要为教师和学生的准备阶段，在这个阶段学生需要完成知识的传递。教师提前备好课，根据教学内容和教学目标制订出对应的教学计划。然后设计教学资源，确定哪些知识适合传统课堂教学完成，哪些知识需要通过慕课教学实现，从而建设完备的教学资源库。教师可以根据教学内容决定是否需要可利用型资源，如果需要，则将筛选好的资源通过 QQ 群或者微信群分享给学生。接下来教师将任务单张贴到慕课平台课程通知处告知学生。而学生在查看学习任务单后，通过观看教学视频或者查资料预习将要学习的技术动作，完成教师布置的预习作业，然后把自己预习过程中遇到的疑问提出来，由小组汇总。

（2）课堂。课堂中的教学活动尤为重要，教师应该尽量把教学任务在规定的课堂时间内完成。学生把课前学习过程中碰到的疑问以小组的形式反馈到慕课平台，教师了解到学生难以掌握的地方后，通过讲解以及动作示范给学生解答疑问，完成知识和技能的传递。学生在教师答疑的过程中不断反思、内化知识，达到过程与方法教学目标。在小组互动和师生互动过程中，学生的情感态度与价值观得到了升华。教师进行本堂课的总结，再次讲解重难点，以便学生不断总结和反思学习内容，并依据学生的“最近发展区”来布置课后作业。

（3）课后。课堂结束后的这段时间，学生可以进一步巩固知识，教师也要不断地反思总结教学经验。在传统课堂中，课堂的结束意味着本堂课的教学内容已经完毕，即使教师在课后发现需要修改的地方也不便及时反馈给学生。而在融合传统课堂教学和慕课的混合式教学中，课后教师将教学重难点发布到慕课平台中，供学生再次复习。另外，根据学生的课堂表现和掌握情况给予学生个别化指导。学生在课后也要及时完成教师在慕课平台上发布的课后作业。通过对比学生的课前测试和课后练习，找出有困难的学生，给予个别化帮助和指导。而学生在完成课后作业后，可以针对自己还未完全掌握的内容在慕课平台的讨论区与同伴交流或者在线请求教师的指导。

2. 基于慕课的混合课堂体育教学多元化考核评价

考核评价对学生的学习有着重要的影响，它是对学生的学习成果的重要体现。开展混合式教学时，采用多种评价方式激励和引导学生，促进他们的情感态度价值观的全面均衡发展。混合式教学应该采用诊断性评价、过程性评价和总结性评价结合的方式，在混合式教学开展前调查学生的知识水平，了解他们的初始能力和认知水平。混合式教学结束后，采用过程性评价方式，既考虑到学生的课堂表现，又注重他们慕课学习的完成情况。最后采用总结性评价，综合学生的整体表现给予考核评价。融合传统教学和慕课的混合式教学实践的开展依托于慕课平台，平台上的记录可以帮助教师跟踪学生的在线学习情况，方便教师统计数据。为混合式教学的开展提供便利，也给过程性评价提供了依据。

第二节 “互联网 +”时代体育在线教育平台的使用

当前，互联网技术的迅猛发展推动着我国高校数字化校园建设的进程。作为高等教育必不可少的重要内容之一，体育教学也逐渐开始应用体育在线教育平台。然而，在对相关权威网站发布的信息咨询进行梳理与总结后，发现受到诸多因素影响，高校体育在线教育平台建设仍存在许多亟待解决的问题。鉴于此，本书深入分析“互联网 +”背景下体育在线教育平台的使用现状，进而提出一系列解决策略，对加强体育在线教育平台建设、提高体育教学效果具有重要意义。

一、体育在线教育平台的主要优势

（一）实现教学内容的直观化展示

在高校体育传统教学中，教师传授技术动作要领主要是采取亲身示范及对动作进行分析讲解的方式，但在传统体育教学活动中，有很多高难度的技术动作是在极短的时间范围内完成的，导致学生无法深刻领悟和掌握技术动作。而体育在线教育平台能够有效解决这一问题，体育教师可使用摄影器材将技术动作讲解进行摄像记录，并将其上传至体育在线教育平台，应用各种多媒体技术进行教学影像的慢放和分解，将技术动作要领更好地呈现在学生面前，使学生更好地掌握技术动作，不断提高教学质量。

（二）实现教学资源的共享

体育在线教育平台为高校实现体育教学资源的共享提供了有效渠道。体育在线教育平台为体育教学和学生提供了一个汇集体育教研论文库、教学视频以及体育教育统计数据等各种信息资源的庞大数据库，学生可以根据自身的实际需求去体育在线教育平台中查找资源，这对于实现教学资源的共享和优化具有十分重要的作用。

（三）增强师生之间的双向交流

由于传统的体育教学多以班级作为单位，受到教学时间和学生数量等因素的影响，教师与大学生之间的交流存在一定的局限性，而体育在线教育平台能够通过多媒体技术来实现师生间的在线交流，让体育教师和学生进行远程的“面对面”交流互动，有助于加强体育教师与学生之间的双向交流，进而促进教学效率和教学质量的不断提升。

（四）为学生提供个性化学习空间

传统的体育教学主要围绕教师、教材以及课堂进行，教学时间以及学生数量等因素使得体育教师难以对学生开展个性化的教学与指导。体育在线教育平台的应用，能够使学生充分利用其教学资源进行自主化和个性化学习，打破传统体育教学的时空限制。总体而言，学生可以通过互联网和个人的电脑设备登录体育在线教育平台，突破传统体育教学所带来的局限性。

二、“互联网+”背景下体育在线教育平台使用现状

（一）重视程度不高

尽管有很多高校已经意识到建设体育在线教育平台的重要性，并逐步开始建设本校的体育在线教育平台，但总体而言，许多高校对体育在线教育缺乏足够的重视，并未真正认识到体育在线教育的良好发展前景，且建设体育在线教育平台的资金投入力度较小，制约着体育教学水平与教学质量的不断提升，甚至有少数教师对体育在线教育平台建设存在一定的偏见，仍坚持认为传统的体育教学方式要优于体育在线教育。

（二）教学内容缺乏吸引力

目前，我国有许多体育高校的在线网络课程主要以精品课程为主，教学内容的呈现方式主要是使用文本幻灯片，缺乏足够的吸引力。体育作为一门以身体训练为主的课程，在设计在线教学课程时需要依据不同的教学目标以及教学内容，使用动画、视频、图像及解说等多媒体技术呈现教学课程，而不是按照以往传统教学的线性方式设计教学课程。另外，体育在线教育平台缺乏课程设计以及教学设计等应用功能。而课程设计以及教学设计等功能对于体育教师具有十分重要的作用，这些功能能够帮助体育教师编辑相关教学资源和课程学习单元，进而设计出具有吸引力的网络教学课程。

（三）体育在线教育平台功能有待完善

现阶段，我国大多数高校的体育在线教育平台只具有技术支持以及教学课件点播等功能，相较于国际上其他国家具有运行管理、交流互动以及课程设计等多种功能的体育在线教育平台尚有较大差距。除此之外，针对学生所设定的网络活动追踪功能同样非常重要，其不但能够帮助体育教师及时了解学生的学习情况，还能够帮助体育教师根据学生的学习进度和情况及时调整和改进教学内容，进一步提升教学质量。

（四）体育在线教育平台建设亟待加强

在高等教育领域，我国始终高度重视高校的网络信息化教学工作，教育部也发布相关文件明确提出要构建教育资源公共服务平台。在此背景下，许多高校纷纷响应教育部提出的教学改革要求，搭建了本校的体育在线学习平台，然而，部分高校在建设体育在线教育平台的过程中，不是从学生的实际需求出发，而是从精品课程申报以及教学评估等方面出发，导致建立的体育在线学习平台存在教学内容单一和设计古板等问题，甚至少数高校的体育在线教育平台只是一个摆设，形同虚设，没有学生加以利用。

三、“互联网 +”背景下体育在线教育平台建设措施

（一）增强体育在线教育平台的基础建设

加强体育在线教育平台建设需要从软件和硬件两方面着手进行：一方面，软件的开发和应用是加强体育在线教育平台建设的核心和关键；另一方面，硬件建设是加强体育在线教育平台建设的重要基础。各大高校应不断加大对体育教学资源的拓展以及网络基础设施建设的资金投入力度，从而为体育在线教育平台在高校体育教学中的应用与推广营造良好的资金和政策环境。除了正常教学时间，让学生在课余时间通过体育在线教育平台进行自主学习，有助于拓宽学生的思维，进而实现体育教学效果的不断提升。让师生共同参与到体育在线教育平台的硬件建设和软件开发中来，能够更为人性化地对体育在线教育平台进行完善。

（二）实现高校之间体育教学资源的共享

受到区域经济发展不均衡等因素的影响，各地区高校之间存在体育师资力量

和教学水平不均衡的问题。为此，需要进一步加强高校之间体育教学资源的共享。当前各大高校基本上都有本校的体育在线教育平台，这一平台不仅能够在较为封闭的环境下独立运行，还可以作为一个公共开放的网络教学平台。近年来，教育部门始终在强调各大高校之间要加强教学信息资源的交流与共享，而在线教育平台能够很好地响应教育部门提出的要求。各大高校利用互联网和新媒体技术可以在体育在线教育平台上上传教学资源，还可以与其他院校进行连接，进而获取其他院校的体育教学资源。另外，高校还能够在体育在线教育平台中的信息交流模块中利用电子公告板论坛等方式加强高校间的交流，通过这种形式的合作能够有效推动不同地区体育教学的均衡发展。

（三）加强多媒体技术的具体应用

伴随互联网和多媒体技术的迅猛发展，大学生越来越喜欢从互联网渠道获取自己感兴趣的体育新闻与信息，这不但展示出了大学生对体育的浓厚兴趣，还能够反映出以互联网渠道展示信息资源具有更为生动、直观的优势，而这些优势的实现离不开多媒体技术的合理运用。因此，在建设体育在线教育平台的过程中，体育教师基于体育教学的需要和学生的实际需求，应充分利用多媒体技术，为学生提供更为生动和直观的教学内容展示，以此培养学生的学习兴趣，提高他们的自主学习能力。体育在线教育平台具有较强的交互性，通过运用互联网技术中的实时通信技术，借助摄像头的功能，能够更好地进行体育教学展示。此外利用新媒体技术还有助于加强师生之间的远程“面对面”交流，及时高效地帮助学生解决学习过程中遇到的各种问题。

（四）提高教师对体育在线教育平台的应用能力

体育教师在体育教学活动中扮演着教学实践活动的主导者和组织者的角色，而高校的教学技术部门则扮演着体育在线教育平台建设者的角色，需要对体育在线教育平台进行管理和维护，并且还承担着对体育在线教育平台应用的培训和指导任务。各大高校应逐步转变体育教师的传统教学思想和方法，充分发挥体育教师在体育在线教育平台应用中的作用。通过定期举办讲座、培训会等方式，加强对体育教师应用体育在线教育平台的培训，向体育教师讲解体育在线教育平台的应用方法、网络教学的理论知识以及网络教学课程设计的相关理论知识。此外，高校还需要进一步加强体育教师新媒体技术的使用水平，引导体育教师积极参与到体育教学资源开发中来，进而为体育在线教育平台的建设和应用提供技术支撑。

（五）培养学生体育信息资源的获取能力

在高校体育教学活动中，体育教师需要充分利用体育在线教育平台来向学生讲解运动健身等基础理论知识，从而加深学生对体育运动和相关理论知识的认知程度。另外，体育教师还需要指导和帮助学生在体育在线教育平台自主获取更多的教学信息资源和体育资讯，提升他们进行信息检索和处理的学习能力，这样才能更好地体现“互联网 +”背景下以学生作为主体的教学方针。

第三节 “互联网 +”时代数字体验式体育教学研究

一、“互联网 +”的数字化体育教学

数字化教学是信息化时代到来后，传统教育进行改革所采取的最主要的改革手段。很早就有学者进行过研究，并对数字化体育的发展进行过预测：数字化教学将是未来进行体育教学的重要手段。传统体育教学受体育活动的场地和体育服务对象等诸多因素的限制，很难有效地开展体育教学工作，但是数字化体育教学就能够很好地解决上面的问题，实现场地多元化和体育服务对象的公众性，从而实现资源的有效利用和调配。通过数字化的融合，有针对性地开发和设计各种体育教学管理监督系统，不仅能够培养学生们的分析和解决问题能力，同时也方便体育工作者对这些数据进行搜集和实施监督、跟踪。①

数字化的概念应用于体育课堂，主要就是通过各种信息化资源进行体育知识的传授，使得整个体育教学过程更加的智能化和规范化。信息化资源，不仅包括电脑、手机、投影等提供的各种硬件信息化资源，还包括各种教学管理软件、课程监控软件、多媒体网络资料等各种软件信息化资源。在现代数字化体育教学过

① 蒋菠，黄巾，赵波 . 我国体育硕士专业学位研究生教育的问题与改革 [J]. 体育学刊，2017，24（5）：111–115.

程中，利用各种信息资源，将枯燥、烦琐、单一的书面体育教学内容，通过动画、视频、音频等方式进行体育课程内容的展示，是现如今最受欢迎、教学效率最高的教学方式。开展数字化体育教学过程中，可以利用网络资源的便利，搭建网络数字化管理平台，从而使得体育教师进行教学课程的监督管理以及学生学习效果的管理，使得学生自主进行体育课程重难点的学习，让体育教师提高了管理效率和教学效率的同时，更让学生们更加生动、形象地掌握了体育课程中的关键重难点，提高了学习效率。

（一）数字化体育教学特征

1. 多方位的参与性

数字化体育教学在“互联网 +”时代已经逐步超越传统体育教学方式。越来越多的高校，尤其是更具有时代意义的高校开始利用信息时代的数字化教育方式来进行课程教学，尤其是注重学生体验，交互和参与的体育专业课程。学生不仅需要在体育课程中进行课程基本知识的学习，同时，很多体育课程，例如篮球训练课程的“三步上栏”，足球训练课程的“足球定位踢球”等不同课程的不同训练内容都需要进行一定时间的积累练习。由于课程时间和课程场地以及上课天气等各种因素的限制，学生很难真正掌握“三步上栏”的动作要领，学生也很难判断自身的动作是否规范，技能是否熟练等。所以，通过数字化教学方式，体育教师可以为学生提供各种相关视频、动画等进行多媒体室内教学，也可以通过网络管理平台，与学生进行线上线下交流，及时掌握学生对于体育课程的掌握程度，从而让学生们能够通过多种不同的方式，不同的途径进行体育课程学习，参与到体育课程的学习。

2. 突出学生的主体性

数字化体育教学的核心重点和体验式体育教学一样，也是强调学生主体性的重要性，让学生主动参与到体育课程的实施过程中，让学生们通过主动的学习、体验、思考来掌握这堂体育课程的精髓。由于体育课程相对其他课程具有更多的互动性、多元性、冒险性，让学生转换传统思维，成为体育课程中的主体，让他们借助数字化资源进行自我探索、自我学习，更加能激励他们的学习兴趣，提高他们的学习效率。

3. 双向辅助学习

数字化体育教学方式的推广不仅给学生和体育教师进行体育课程学习提供了便利，同时也让体育授课教师能够更加直接地了解学生对于课程内容的掌握程度，并根据学生们的学习情况进行自我课程内容和课程形式的调整。因此，体育授课教师也在数字化体育教学过程中进行自我学习。

4. “3A” 教学与学习

数字化体育教学离不开网络，体育教师通过网络及时进行体育课程内容的调整，并通过网络平台进行不同形式的课程呈现，让课程更加生动有趣。有了数字化“多媒体”的教学体验，体育教师进行教学工作的管理和开展更加“随心所欲”，体育教师能够将与本课程相关的教学内容通过微信群、QQ 群等各种社交平台进行上传，以供学生进行提前学习；体育教师也可以通过学校内部学生交流平台与学生进行互动，及时掌握学生学习进度和动态，并及时进行教学调整。

（二）数字化体育教学策略

1. 注重因材施教

传统体育教学由于教学场地、教学时间、教学内容、教学素材等各种因素的限制，使得体育教师们教导出来的学生都有“同质性”。但是由于体育课程的专业性和竞技性，需要学生们在竞技过程中凸显个人的强项和专项，并且针对不同专项的学生采用不同教学方式和教学方法，发展他们个人的优势。体育教师也希望学生们能够在发现自我优势和特长的前提下努力学习，并取得一定的成就。例如，体育教师可以通过腾讯 QQ、微信等平台建立体育专项训练组，让学生们自由根据个人爱好进行加入，从而让学生们在志同道合的学习组中进行探讨学习，并在彼此的竞技过程中提升个人专业专项能力。

2. 培养学生自主学习能力

在实施数字化教学过程中，体育教师通过音频、视频等课堂形式进行课堂教学，首先可以吸引学生们的注意力。然后，在课程进行过程中，教师可以通过暂停等功能对体育课程中的相关知识点进行提问互动，让学生们在娱乐中思考和学习。课程进行过程中，体育教师还可以通过回放等功能对知识点进行回顾，巩固学习。

3. 提升教学质量

“教学”=“教”+“学”，因此，单一地注重“教”或者单一地注重“学”，或者过于偏重“教”，或者过于偏重“学”，都是不正确的“教学”理解方式。为了实现课堂效果最优化，就要实现“教学”中的平衡，实现“教”和“学”的平衡。传统的体育教学过程中，体育教师注重“教”而忽略“学”，而学生们注重“学”而忽略“教”。在现代数字化体育教学过程中，体育教师和学生们在教学过程中是一个双向的“教”与双向的“学”的过程：体育教师在课堂上更多的是“倾听”，倾听学生们对于课堂的体验，让学生们在数字化展示的教学课程面前进行自我归纳、自我总结和自我分析思考，从而让他们更高效地掌握基本理论知识，从而让他们拥有更多的时间去进行体育技能的专项训练。

二、数字化体育教学中的体验式学习

（一）体验式学习的实施背景

在传统的以强调记忆为基础的应试教育当中，往往都是强调知识而不是注重技能，教师是绝对的权威中心，学生则是被动接受，学习方式就是反复记忆，与现实生活没有任何关联，脱离社会生活。西方发达国家的教学模式就逐步摒弃了这样的传统教学方式，转而探索新式的教学模式，在经历过一系列的教学改革的阵痛期以后，教学方式逐步变为了以学生为中心，教师作为督导从中促进和协调教学工作。通过教育即是生活的概念，强调学习的内容和经验是与学生的真实生活息息相关，而不是为了以后的生活做准备，学习的过程更加注重参与社会和生活技能的培养，使得学习更加真实而富有具体意义。

西方发达国家新型教学模式的改革，也逐渐延伸出各种不同的教育理念和方式，体验式教学就是其中一个重要分支。体验式教学不单单是动手动脑的简单形式，而是根据经验出发通过精心安排的活动总结规律和经验，再回归到技能的运用和概念的植入。体验式教学的学习过程不是所有的生活经验都能形成适用的学习方式，而是需要通过某些专业的引导才能达到最大的学习成效，过程相对比较复杂。专业的老师设置的体验式学习，能够让学生在学习当中展示自身的个性，从多维度观察学生的多面性。

体验式教学在我国的运用还处于开拓探索阶段，这种新型的教学模式并不是一蹴而就地形成于教学体系之中，往往需要一个漫长的形成过程，特别是我国的发展历程和西方发达国家不一样，人们的思维方式和价值意识也和国外存在不同。

为了更好地适应当代和未来社会发展对人才的需要，培养态度积极，视野开阔，善于沟通交流，富有责任感的实践型的专业人才，教育转型和改革依然是当今和未来的主要发展方向，让学生通过体验式教学在经验中学习，有的放矢地改善自身所欠缺的东西。

（二）体验式学习的表现形式

（1）自主体验。教师通过适当的启发和引导学生去进行自主学习，让学生去体验尝试—摸索—观察—思考—探索的学习过程，正确掌握学习方法和相关技能，体验到学习的成功乐趣。在教学环节中，教师通过演示示范动作，让学生进行倾听和观摩之后进行自主的思考和练习，从而掌握正确的技术动作和学习方法，教师根据学生的实际掌握情况适当启发引导学生去完成既定的学习目标和任务。

（2）合作体验。实践体验很重要的一点还包括学生之间和师生之间的交流互动，教师在合作体验当中通过对学生的启发引导，让学生分享学习经验，沟通学习困难，经过方法交流、观点交流和经验交流等沟通手段去促进学习，更好地完成教学目标和任务，掌握新的技能知识，探索新的学习内容。比如在教学当中常见的体育竞赛就需要学生之间进行交流互动、相互配合、共同实践去完成竞赛和竞争，这种表现形式尤其在团队项目当中更为突出。

（3）创造体验。注重培养学生的创新思维，让学生敢于提出标新立异又遵从现实的想法，在教学过程当中充分给予学生自主的创造空间，进行思维创新，在满足熟练掌握所学技术知识的基础之上，发明创造一种更加先进科学的方法，培养学生的创新和创造能力。

（4）评价体验。在教学目标完成的同时，教师通过对学生的学习过程进行点评和指导，对学生提出改善和提高的建议，以及未来的发展方向，让学生在课程完成之后能得到学习的满足感和学习的快乐，让学生对体验式的体育教学产生积极的兴趣。

（三）体验式体育教学的实施方法

体育源于人们的日常生活，潜移默化地影响人们的生活方式和价值观。在过去以教师为中心的体育课程当中，授课方式往往是通过讲解示范—练习纠正—练习巩固的教学流程来实施，学生始终处于被动接受的位置，没有对专业知识的综合运用。而体验式的体育教学可以综合其他学科引入关联特色，在进行身体锻炼的同时，加强人文精神的有机结合，比如在体育教学中引入诗词歌赋、舞蹈美术等各家专业教学的特长，丰富体育教学的教学方法。

1. 突破教学方式

目前的体育教学方式当中，特别是以技能为教学目标的授课里，许多教师往往都是按部就班，紧密围绕教学的重难点进行逐个击破，这种老式的教学方式严谨缜密而且扎实风趣，但是过分强调统一规范而缺乏新意。体验式的体育教学中，设置主题情景和目的驱动是较为通常的两种方式。

（1）主题情景教学：这种教学模式具有一定的规律性但是又变化多样。通过设立主题情景，激发学生的参与感和认同感。充分利用教材和技能的技术特点在课题上设立主题情景，让学生通过参与一系列具有感官认知并且熟悉的日常活动，恰到好处地引起学生的共鸣，从而提高学生对于课程的参与度和认同感，针对学生的心理和行为特点，在课程上安排主题情景活动，把教材内容和课程安排情景化，让学生在富有主题和情节故事的场景中学习和参加体育活动，能够达到较好的授课反馈，但是这种课程的编排和组织对教师要求较高，需要妥善处理课程安排，提高学生参与积极性，避免处理不当而适得其反。

（2）目的驱动教学：主要是在教学过程当中根据学生的不同差异，通过不同的教学方式去完成教学，在课程学习当中培养学生的责任感和团队协作意识，以制定目标去达到完成与之适应的任务，通过分组合作、目标引导和分层教学去实现。通过组群的力量去引导学生完成既定的目标任务，明确合作方式。例如在足球课上，许多学生对于射门的触球角度和助跑方式和距离控制不好，挨个去纠正指导的效果当然是最优的，但是一节课程毕竟时间有限，在日常的教学当中就需要一些对于技术动作理解掌握较好的学生去带领指导大家共同练习，在这个时候也需要明确把目标分解给学生，例如在多远的位置踢到多大的范围以内，看哪组能够先完成任务，以此促进学生们的积极性，达到更好的教学效果。

2. 丰富内容选择

课堂模式的多元化是大势所趋，但是并没有对课堂内容的架构作出明确的要求和规定，对于课程内容和完成目标只有一个大致范围，这就给予教师充分的自由去根据学习目标来设计和选择教学内容。这就要求教师们在实际的教学中，不能单独为了完成教学而进行教学，而是需要考虑学生们的实际接受能力和学习偏好，并且把握教学教材的重难点适当取舍教学内容，在完成教学目标的前提下选择学生更容易接受和喜爱的教学内容。

3. 打破教学限制

许多教师在传统的体育课程当中并不重视场地和器材的布置，通常几个标志物和标记线就构成了体育课程的布置，而体验式课程当中可以加入更多的创意改进，做到最大化地发挥现有资源优势，通过内容变化来适用校园场地，对于器材器械一物多用，就地取材，改变以往的教授策略和思维方式，灵活多样地利用规划场地，扩展课程内容。

作为体验式教学的一个重要手段，数字化教学已经作为一个现代化的教学方式而被广泛采用，是教学现代化的重要标志，通过数字化的辅助教学通常比教师的讲解示范更加生动直观，并且能够在不同地点时间重复学习，能够起到事半功倍的效果。数字化教学在实施过程中，通过互联网的存储功能和多媒体的展示功能以及智能设备的传输功能，不仅能够将各种教学内容进行互联网存储，实现教学内容的随学随下载和随教随下载，随时进行在线或者线下学习和下载，同时，借助智能设备，也能实现教学内容的实时分享，提高学生学习和运动的兴趣，并且生动形象，简单易懂，在体育教学当中已经逐步广泛运用。

三、数字体验式体育教学的作用

（一）丰富课堂效果

数字化教学方式可以满足学生的创造性思维，体育教师可以根据不同的教学课程内容，结合使用多媒体，从网络中搜索最新的视频、音频和动画等课程相关的内容，结合学生们的实际情况，进行现实模拟，激发学生们的好奇心，让学生们由内而外由衷地爱上这堂课程的内容和这种形式的课程教学。通过视频进行课程内容的导入，丰富了学生们的想象，再通过音频和动画进行课程内容的深入讲解，让学生们更加具体地掌握书本中的相关体育理论知识。接着，通过同学们之间的互动，并通过情景模拟，让学生们在“实战”中发掘自己的爱好，掌握体育课程中的核心技术要领。多种多样的课程形式，不仅激发了学生兴趣，更优化了课堂效果。

（二）突破重点，化解难点

传统体育教学工作主要注重体育知识的传授。因此，传统体育教学工作中，大多数体育教师主要是“流水账”式地进行书本课程内容的传授，并没有针对学生们的实际需要和社会需求进行重点讲解，以至于很多体育专业的学生走出校门和其他专业的学生相比没有太多的差异性，这主要在于他们对于体育专业技能掌握的熟练程度不够，对于每一项教学内容的重难点没有真正意义地进行消化吸收。由于传统体育教学受到教学天气、教学场地、教学内容、教学课时等诸多因素的限制，很难全面而有针对性地对体育课程中相关的知识技能进行生动的诠释（很多体育课程内容都需要动态的展示），所以，教学质量必然不高。但是，数字化时代的到来，体育教师可以通过多次展示同一动画视频，通过视频定格讲说，或者通过同一知识点多角度动画展示的方式对教学内容进行分节、分解有重点、有突出地进行教学，这样必然能够提高教学效果。

四、数字体验式体育教学的意义

新时代的体育教学不仅要完成体育专业理论知识的传授，更要在注重学生全面发展的同时，注意学生学习效率的培养。数字化体育教学，就是利用数字化教学的方式进行体育教学，从而提高自我教学质量，提升学生学习质量。数字化是“互联网 +”时代的必然产物，因此将数字化与“教育”相结合，实现互联网与教育的相互发展，是顺应时代发展需求的。通过采用数字化方法，改善传统教学中的诸多弊端，不仅给学生们提供了更多的学习方式，激励了他们的学习兴趣，提高了学习效率，同时也给体育教师们提供了更多教学形式的选择。数字化教学在体育教学中给学生和体育教师都带来了便利。学生们提升了自主学习的能力，也发展了个人的个性和特长，发掘了个人的学习潜力，更加具有学习的动力。数字化的体育教学势必给体育教师的教学工作带来了一定程度的挑战。但是，数字化的体育教学的出现确实更加快捷，高效地提高了课堂的趣味性和互动性，为体育教师的教学工作带来了便利，同时，也为体育教师节省了更多的精力去进行个人能力的提升和进行科研的创新工作。通过数字化强化体验式教学互动，主要表现在以下方面：

（一）培养学生团队意识

与传统体育教学侧重点不同的是，体验式体育教学注重学生们的团队学习意识，即体育教师承担的责任不再是传统意义的集体体育知识传授者，而是逐步转换角色和立场，让学生们成为体育课程中的主体，体育教师的工作重心调整为对学生进行体验过程中错误的纠正者和正确知识的指导者，由此，学生不再是传统体育教学中的接受者，也逐步转换学习角色，在体育理论知识和体育项目的实践操作中进行协作探讨，协作指导，让学生们在课程体验过程中，成为彼此的指导者和参考者，让他们在相互协作的过程中学会相互参考和鼓励对方进步。

（二）培养学生学习积极性

体育课程本身具有相当大的趣味性和互动性，因此体育课程中的学生和体育教师之间本身存在着相互学习、相互监督的互促关系。体验式体育教学带给学生和体育教师角色的转换，给予学生更多的自我体验的机会，给予体育教师更多的进行纠错的权力。因此，在“学生体验—学生犯错—体育教师纠错—学生在此体验—体育教师再次纠错”的循环反复过程中，学生会发现每一次调整和动作纠错过程中的学习乐趣，激发他们在每一次体验中进行课程的总结，并促进他们对动作技能的熟练掌握，从而激发他们的学习积极性。

（三）挖掘学生的创造性

传统体育教学不仅给体育教师带来了繁重的重复性低效率工作，也降低了学生的学习效率。对于体育教师而言，让体育教师用单一的教学方式教授着同样的课程内容，不仅降低了他们的工作效率，同时，也消磨了他们的工作积极性，降低了教课质量，不仅如此，也消磨了这些体育教师的学习和创新能力，很难跟上新时代教学改革的步伐。对于新时代的学生们而言，传统体育教学消磨了学生们的学习积极性，消磨了他们探索新事物的好奇心。与传统体育教学不同的是，体验式体育教学发挥了学生主体作用，也调整了体育教师的工作方向：让学生们充分发挥自我想象力和探索能力，在摸索中进行学习并发现错误；体育教师们在学生体验过程中进行错误纠正和开发更多的课程形式及课程内容。

（四）弥补传统教学的不足

新型的体验式体育教学方式在很大程度改善、弥补了传统体育教学的不足，这主要可以通过前面三个方面体现。体验式体育教学改变了传统的学生“被动学习”，体育教师“被动教学”的方式，转换了“互联网 +”背景下学生和体育教师的“学”与“教”的新观念，提高了学生们的学习积极性，提升了体育教师的教学效率。

第四节 “互联网 +”时代移动媒介下体育教学语境的多模态研究

一、体育教学语境的相关内容

（一）体育教学环境

体育教学环境通常分为广义和狭义：广义的体育教学环境认为一切能影响体育教学的外部因素如学校的规章制度、校风校纪、学校的环境条件等都可以称为体育教学环境；狭义的体育教学环境就是学校的具体的物质措施，如学校的硬件设施、班风班纪以及师生之间的关系等。平时所指的体育教学环境就是狭义上的概念。①

1. 体育教学所需的心理环境

学校的校风校纪、课堂氛围以及师生之间的人际关系构成了体育教学的心理环境。学校的传统体育风气是指一个学校在进行体育活动或者体育授课时，自然显现出的一种现象，这种现象不具有暂时性、表面性，而是一种长期稳定的，由

① 荆雯，李洋，刘元国．“互联网 + 教育”背景下泛在化新型体育学习模式研究 [J]. 体育学刊，2019，26（1）：120-124.

内而外表现出来的一种行为表现。良好的体育风气会对学生体育锻炼的态度、兴趣、参与度等方面产生潜移默化的影响，提高学生参与体育活动的积极性，对学生形成正确体育锻炼习惯以及提高学生体育文化素养有着非常重要的作用。

体育课堂氛围是指在课程讲解、教授时，班集体体现出的一种轻松、愉悦的课堂风气，它包括学生与老师之间进行的课堂交流、对待上课时的态度以及情感价值，表现出来的应该是一种积极的课堂行为。在体育课堂这样一种需要互动的课程中，师生之间的关系就显得尤为重要。良好的体育课堂氛围能够协调师生间的关系，增加彼此的信任，能最大限度地提高学生的积极性和参与度，并且有利于提高学生克服困难的勇气和信心。

2. 体育教学所需的物质环境

体育馆以及体育场等都是体育教学所需要的硬件设施，如排球场、篮球场、足球场等都是体育教学过程必备的场地设施。除了场地之外，各种声音、采光等物理条件，也是影响体育教学的条件。优良的物理环境能够促使体育课的顺利进行，为体育教师和学生提供更好的课堂环境，能够激发学生的锻炼兴趣，从而提高课堂教学的效率。例如，体育场馆在颜色的选用上要尽量使用暖色调，这样能够让学生在参与运动的同时更多地感受到和谐；在采光方面要控制好光照的位置以及时间，为学生营造一个舒适的场馆条件。

常规性的体育器材也是体育教学物质环境不可缺少的一部分，体育器材在体育教学过程中发挥着重要的作用。例如：足球、篮球等是进行球类运动必不可缺的器材；单杠、双杆等是进行体操类活动的硬件设施，另外还包括小垫子等一些辅助性设备，为体育课的顺利进行奠定了物质基础。这些体育设施，不仅在体育课堂中发挥着作用，在业余生活中，学生进行体育锻炼也依靠这些基础设施。物质环境为体育教学的正常进行提供了保障，是体育课堂的必要准备。舒适的物质环境会激发学生的锻炼兴趣，提高学生进行体育活动的热情，对于提高学生的生活品质也会有促进作用。

（二）体育教学资源

体育教学资源是教学资源的子概念，它本身具有教学资源带有的共同特征，同时，它也会针对具体体育教学表现出专属的特征。它是指在体育教学活动过程中所需要的一切素材和条件，其中包括体育教师的认知能力、体育课程的目标和内容等相关内容。体育教学资源的内容极其丰富，涵盖的内容也比较多，可以根据其分布的空间、功能和存在方式进行分类。

1. 体育教学资源的空间分布

根据空间分布，体育教学资源可以分为校内教学资源和校外教学资源。学校内的一切跟体育教学有关的资源统称为校内体育教学资源，而校内资源也是最直接的影响体育教学的资源。它也是实现课程目标最直接、最有效的资源，促进学生的全面发展，如学校师资结构、师资水平、场地设施、校纪校风、校容校貌等校园人文环境。校外体育教学资源包括家庭、社会等的可用于体育教育教学活动的一切体育资源、设施和自然条件。如家庭的体育活动理念、社区的体育活动设施以及活动氛围、各种体育比赛信息和国家各种体育地理自然环境。校外体育教学资源可以弥补校内体育教学资源的不足，充分开发与利用校外体育教学资源能为人们转变教育教学方式，适应体育课程的改革和发展提供有利保证。

2. 体育教学资源的功能分布

根据体育教学的功能，体育教学资源中指导性资源存在的最多。它不仅包括体育与健康的教材，同时，国家颁布的关于体育的纲领性文件，各省市地区根据地市状况颁布的纲领性文件等都属于指导性素材。其他体育教学资源的种类形式也多种多样，比如素材性资源、条件性资源等也都存在于体育教学资源中，对体育教学有一定的推动作用。

3. 体育教学资源的存在方式分布

根据体育教学资源的存在方式，可以分为显性资源和隐性资源。显性资源是在体育教学过程中直接对体育教学有辅助作用的体育教学资源。如学校的场地设施、自然资源等。显性资源是教学活动中最易于开发利用的资源条件。与显性资源不同，隐性资源是潜在的对体育教学有辅助作用的教学资源。如校风、社会风气、家庭气氛等。它们不能直接为体育教学提供条件，但它们起着潜移默化的作用。

二、移动互联网对体育教学语境的影响

随着移动信息网络在学校体育中的广泛应用，体育教学语境也随之发生了变

化，使传统体育教学重新注入了活力，给体育教学带来了新的教学思路，使体育教学更加现代化、信息化、科学化，极大地提高了学校体育教学中获取教学新内容、新技术、新思路的效率，也提高整个学校体育各个方面的信息保障能力，从而加速体育教学的信息化进程。在移动互联网的影响下，体育教学语境的内容也随之发生了变化。在体育教学资源方面，资源的来源、内容和评价反馈体系都发生了变化；体育教学环境变得更加立体，不再受场地的限制，学生可以通过移动网络随时进行学习，不再受环境的影响；体育行为上，体育教师可以通过移动互联网对学生进行考查，教师的教学也不再仅局限于体育场地，可以进行线上教学，通过设置的理论课程和技能课程要求，对学生进行考核。

（一）移动互联网对体育教学环境的影响

学校是一个相对开放的系统，是文化传播和创新的场域，教育领域必定是技术革新的敏感地带。移动互联网的发展对于学校体育教学的冲击必定是巨大的，而对体育教学环境的影响也是有深远意义的，会切实地影响着体育教学环境。

1. 由运动场地到运动空间

移动网络技术的发展更倾向于去创造世界，而不是单纯地去复制世界，能够重新对自然界中的物质与文化重新塑造，创造一个人们理想中的世界。如今，现实本身就是超现实的。整个日常生活的现实——政治的、社会的、历史的及经济的等各个方面都已经进入了多维角度的发展空间，不再是横向或者纵向单纯的发展。现如今的生活，移动互联网已经为人们构建了一个逼真的多维的空间，使人们的视觉、听觉、感觉等多重感官得到了更大的应用，正因如此，人们将处在一种生活审美的幻想之中。云处理技术与虚拟现实技术的不断完善，使生活更加虚拟，为人们创造了更便捷的社会生活，使人们在条件不允许的情况下，进行知识的了解。虚拟现实技术创造出的环境更符合学习者的理想状态，使他们可以通过语言、感觉、触觉等与周围的环境进行信息互换和交流。

在人机交互大发展的时代下，教学也不仅仅局限于操场。虚拟现实技术可以为人们创造出一个虚拟现实颠覆了传统的表征系统，重新构建一个经验领域。同时它还可以帮助学习者对历史进行重新探究，身临其境地去体会他们在书本中所学到的知识，对于一些需要抽象思考的学科具有很大帮助。目前已经有多个国家设立了相关的科研项目并且已经取得了很多研究成果。将虚拟现实情境应用到教学中，将会在未来体育教学中取得长足的发展。

虚拟现实技术的不断发展。在体育教学中，各种天气环境不会再限制体育活动的正常进行。在缺乏体育器材的条件下，虚拟现实技术可以创造出运动项目的活动场地以及其他所需要的环境，使学生能够身临其境地感受运动项目的魅力。虚拟现实技术可以为教师和学生营造一个理想的体育教学环境，使学生不再失去对体育技能的学习，极大地提高了学生的学习热情，让学生在室内就能体验到各种室外活动的乐趣。一些发达国家和地区甚至将基于虚拟现实技术的电子体感游戏引入学校体育活动中。在2018年杭州举行的“全国VR与实验仿真大会暨多模态自然交互的虚实交融开放式实验教学环境知识更新工程”会议中就展示了可穿戴的模态模拟设备。它可以通过穿戴在人体手指、大脑部位，对人的行为进行多模态的分析。

2. 泛在的学习空间

移动智能终端、云处理以及物联网工程等信息技术的发展使得任何人能够在任何地方的任何时间，利用随手可得的学习设备，以自己的方式获取自己所需的学习信息来进行学习。世界很多国家已经开始对泛在学习进行大投入的研究。田径场是体育教师进行体育教学的场地。体育学科是一项身心共同发展的学科，需要进行身体活动，操场就成为师生之间进行互动交流的平台，成为师生之间信息互动和情感交流的场所。学生进行体育锻炼、学习运动知识、放松愉悦身心都是在这个场所进行。但是随着移动互联网的发展，各种移动终端设备在教育中逐渐成为主流媒介。目前，随着对泛在学习的不断重视，移动终端设备的不断完善，对泛在学习起到了巨大的推动作用，体育学习环境也逐渐发生了变化。

2018年的多模态大会中就展示了可穿戴的多模态分析装备。它由多个部分组成，手指部分做成了手套样式，头部做成了简单的头盔样式。被测试者穿戴好电子设备进行正常的活动，电子分析仪就会对被测试者穿戴好后的动作进行分析，并对被测试者的活动作出多模态分析。由这一穿戴设备可以看出，如果将它应用到体育教学中，每个学生在进行学习动作技能时，都能够穿戴类似的设备，电子分析仪就会对学生的动作进行分析，从而清晰地看出动作的缺点。前提是，在进行上课前，要对所学的动作技能要点以及规范的动作储存到电子分析仪中，这样就会对动作作出正确的分析。但是缺点就是该设备还并未普及，造价也比较高，一般学校难以接受高额的成本。并且，多模态分析的专业人员数量也不是很多，培养专业人才也需要一定的时间。但是，从此项设备的发展可以看出，未来体育教学的方向将朝着科技化发展，体育课堂也会变得更加有趣。

泛在学习能够使学习者持续不断地得到所需要的学习信息，并且能够关注到每一个学习者的学习需求。对于不同年龄段、不同职业以及不同认知水平的学习者，提供给他们适合自身发展的信息，使他们也能够参与到现代社会的终身学习中去，获得更多的体育信息，不断提升自身的身体素质和能力。物质的极大丰富使人们开始追求精神的美好生活，人们更多地开始寻求精神上的满足，越来越多的人在追求终身体育的理想目标，这一目标也成为现代人的终极目标。在泛在学习的现代需求下，种类繁多的体育学习资源犹如日用品一样随手可得，并且服务价格低廉，能够适应于任何阶层的需求。因此能够以循环的方式存在于个人生命的周期中，与工作、休闲、退休及其他活动交替地发生。

移动网络中的“云空间”有着巨大的存储空间，可以实时对体育学习者的学习进行备份，确保数据不会丢失。在备份的数据中，每个学习者的信息都是不同的，数据之间不会产生混乱。对于学习者提出的学习要求，体育教学者就可以即刻从“云空间”存储的海量信息中获得学习者的具体信息，并且根据学习者的实际情况，制定符合学习者兴趣爱好、健康状况、学习能力和运动技术掌握程度等的运动计划，提供随时随地的个性化指导，以满足学习者的需求。

（二）移动互联网对体育教学资源的影响

1. 体育教学资源的根本来源

随着移动互联网的逐渐发展，体育教学越来越受其影响，变得更加现代化和信息化。体育教学资源的来源也变得更加广泛，更加移动化、便捷化。移动互联网的发展，使信息传播速度越来越快，这就使体育教学资源的更新速度加快，也增加了资源来源。优质的体育教学资源通过移动互联网能在第一时间获得，这提高了信息获得的速度。移动互联网传播的信息不仅仅是国内的资源，国外的资源也能够在信息发布的第一时间获得，来源变得更加便捷。

2. 体育教学资源的主要内容

体育学科相对其他学科而言，是一门身心共同发展的综合性学科。体育学科也拥有同其他学科一样的学科性质，但是也有其自身的属性。移动互联网的使用，使学科知识更新更快，各个层级的教育主管部门协同体育教育专家，深度挖掘适合本地市体育现状的学科知识来加以利用，以此来优化体育教学资源，提高体育教学质量。从挖掘的体育信息中，集合信息的内涵，将其加以整合、准确地揭示，以满足体育教学和训练的需求。

同时，教育主管部门在筛选网络教育信息时，要根据学生各年龄段的发展规律来确定体育教学的内容。在开发设计体育网络教育资源时，要根据我国体质健康状况安排适合的教学内容，根据不同年龄阶段的学生身体发展规律来进行课程考查，对不同的体育人群安排不同的体育锻炼项目。目的就在于使学生产生体育锻炼的兴趣，更加积极地参与到体育活动中。当地的教育主管部门也要根据本地市的传统体育项目，融入体育课堂中，丰富体育教学内容，形成有特色的体育课堂教学内容。

3. 体育教学资源的评价

体育教学资源的不断更新，离不开使用群体的评价与反馈。优质的体育教学资源可以继续沿用，对于有不足的资源，要进行查缺补漏。随着移动网络发展，信息技术渗透到了人们的日常生活中，网络教育资源的管理与评价也带来了巨大的压力。目前我国的网络资源库处于相对静态的发展中，管理模式也仍以静态化管理模式为主。这种静态化管理模式使网络教学资源处于相对纯净的发展态势，保证了师生需要的教学资源，有利于自身的学习，抵制了不良资源的侵扰。首先，体育教师可以将资源库中的教学资源进行筛选，选择适合教学内容的教学资源，并将其下载到个人资源库中。其次，教师可以根据自己的教学经验以及教学积累，将自己的优质教学资源上传到网络资源库中，达到资源库补充的目的，这为体育教师提供了自主性。

在管理系统的严格审核下，上传到资源库中的资源才会被其他体育教师利用，使优质的教学资源能够循环利用。但是相对于教师的自主性，学生对于教学资源的选择就显得局限了很多。学生在网上进行浏览时，只能选择那些只针对学生开放的教学资源，这一下就缩小了学生的选择范围，不仅不能选到感兴趣的资源，而且被选到的资源数量和种类也是有限的。因为限制权限的存在，学生就失去了对体育教学资源的兴趣，从而对体育活动失去参与的热情。

但是相对于静态管理的优势而言，其不足也是显而易见的。动态化管理资源库能够使人们充分考虑到现实环境的变化和需求，满足不同人群的知识需要。在动态管理下，学生能够获得自己想要进一步了解的体育知识，不会再受资源库的限制。另外，学生将自己喜欢的资源下载下来储存到自己的资源库中，这有利于资源的安全，更便于个人知识的管理，加强了学生之间的信息交换，使资源进行“流动”，这提高了资源利用率，降低了资源闲置的概率，拓展了资源反馈渠道。

教学资源库的管理不仅需要管理者，更需要使用者对资源库认真负责的态度。各个使用者就是隐形资源的携带者，在使用者对资源库的资源进行使用时，会对资源内容产生一定的质疑，资源库提供一定的平台，为使用者答疑解惑。在此基础上，使用者在进行阅读资源的过程中，产生的一系列想法，可以录入到平台当中，管理者会对录入的信息加以审核，如符合信息的录用规则，信息会被写入资源库中，反之会被删除。这样动态化的管理过程，不仅降低了管理者的工作强度，而且充分调动了使用者的积极性。

这个过程不仅会使原有的资源库变得更加充实，对于使用者和管理者来说也是有推动作用的。相较于管理者对信息的更新和搜索，使用者也加入信息的更新中，会加速资源库的更新速度，适应时代的发展潮流。每个人关注到的信息资源类型不同，因此，对于多种类型的信息资源来说是有促进作用的。对于不同信息的共享，加速了信息传递的进程，对深化相同信息类型起到了促进作用。

4. 体育教学资源的反馈

体育教学资源评价与反馈机制，是网络教学资源管理的重要环节。通过对体育教学资源的使用，使用者对资源有一个客观的评价，这有利于资源的完善，使其更符合使用者的需求。管理者主要的工作是对资源的完善与筛选，而资源库的内容建设与管理必须密切结合资源使用者的需求和管理人员的实践。使用者通过使用后对体育教学资源有一个大致的了解，对其信息的准确性与可靠性做一个评价，管理者根据使用者的评价，对资源进行适当的调整。如果使用者认为资源存在不足，管理者要尽快核实，确认意见属实的情况下，要尽快对相关资源进行落实，加以完善补充或者剔除。在这一过程中，不仅需要使用者积极地参与到资源评价与反馈的过程中，对资源提出客观的评价，同时也需要管理者对信息资源有责任心，具有辨别真假信息的能力，并且具有对信息作出快速反应的能力。

（三）移动互联网对体育教学行为的影响

移动互联网对体育教学行为的影响，主要体现在体育教师可以通过移动网络进行线上线下的互动交流。

1. 移动互联网线上教学交流

体育教师可以在授课过程中把授课内容录制为视频，发送到学生创建的公众号或者区域联系群组。通过学生观看视频，在线提问问题。体育教师根据学生的困惑，有选择地进行具体的讲解示范。另外，线上教学不仅可以教授技术动作，也可以加强对理论知识的学习。体育教师根据授课内容，制定一部分的理论考核，学生在线进行理论知识的考查，这样不仅使学生了解了动作技能，同时也对具体项目的理论知识有了进一步了解。

线上教学可以设置答疑区，学生对不明白的体育知识在答疑区进行提问，体育教师可以在固定的时间进行答疑，也可以在具体的时间进行教学主体之间的在线互动，实时解答问题。体育教师在了解了学生的需求后，根据学习需求对线上教学内容进行适当的调整，以此来增加学习兴趣，体育锻炼的热情。在线解决学生的困惑，节省了老师和学生的时间，避免了线下当面交流的条件限制。

2. 移动互联网线下教学交流

在操场进行授课时，体育教师根据学生的反馈，对动作技能进行详细的讲解示范，对重点的问题进行反复强调。另外通过工具的使用，辅助学生进行体育课的学习。通过对学生兴趣度的调查，可以增加课余时间的体育项目的学习，增加体育课程的校选课程，使学生增加体育项目的学习。移动互联网的使用，使线上线下进行协同，根据线上学生的需求，在线下教学时进行适当的调整。这样既可以增加学生对体育课的兴趣，提高课堂效率，同时又可以提高学生进行体育锻炼的热情，提高学生的身体素质。

三、移动互联网与体育教学语境的多模态协同

移动互联网的飞速发展对于教育事业的冲击是潜移默化的，对于体育学科来说，如何把移动互联网真正地应用到教学中去是急需解决的问题。以前的体育教学语境下，是简单地进行语言配合动作解析来进行教学，随着移动互联网的使用，体育教学语境下的模态内涵也发生了变化。

（一）体育教学语境模态分类

1. 语言符号系统模态

语言符号系统作为人类最基本的传达信息的桥梁，它是最复杂的系统。语言包括伴语言和纯语言，伴语言主要包括音响、音调、字体和布局，而纯语言又分为声音和文字。在体育教学过程中，简单的语言模态不能满足实际教学的需要，需要学生配合视觉、听觉等感觉器官来进行知识的接收。对老师所讲的动作要点、知识点等进行接收，然后通过自己的理解来正确认识所接受的知识。

作为体育教师，在传授技能或者知识的过程中，单纯的语言模态并不能形象生动地使学生理解要点。在教师讲授完动作要点或者知识点时，教师可以通过提高关键词的音调来对主要内容加以强调，或者通过语言的简单重复加深对重要知识点的把握。教师也可以根据自己多年的教学经验，对技能的把握形成自己的一套传授方式。例如，在教授排球正面垫球动作时，可以把繁杂动作技能归结为插（插手）、夹（夹肩）、提（抬胳膊送手臂）、压（压腕）四字口诀。有了简单的语言性的技能提示，学生能更容易地记住知识的要点，在学习动作时能够更准确地把握技能的规范性，从而进一步掌握动作技能。在教学过程中，教师也可以通过对学生面部表情的识别来判断学生所接受的程度，以此来进行技能的更详细的讲解或进行下一部分。对于大多数学生不能掌握的技能或者知识点，要进行更为细致的讲解，化繁为简，使讲解的语言更形象，让学生有一个清楚的认知从而掌握技能。

2. 非语言符号系统模态

非语言符号系统包括身体符号和非身体符号两种类型，身体符号又包括三种类别，与头部有关的动作、由手臂和腿形成的模态符号以及躯干的动作。眼神和面部表情属于与头部有关的动作；手势，例如手臂的状态，形成的形状、摇动等

和包括腿的并立、踢跳、弯伸等腿势属于第二类别；移动、摇摆、模拟属于躯干的动作。非身体符号主要包括工具和环境两个方面。随着现代交际技术的进步，非肢体符号在交际中得到迅速发展，例如体育教学环境中使用的 PPT、计算机、多媒体、同声传译室、网络等都是非肢体工具性符号系统。另外，人们还可以通过环境中的其他多种符号系统来进行交际，包括现场环境中的人、物以及具有象征意义的符号等。

在体育教学过程中，体育教师通过对技能动作的分解示范，使学生能够更直观地学习到技能动作。通过身体符号传达给学生，使学生有一个清晰的动作影像，在教师进行动作示范过程中，学生可以跟着教师的动作进行模仿。这样的情况下，学生的身体感官被调动，肢体会不自觉地对动作进行记忆，学生学习动作技能的进程就会加快，提高教学效率。

（二）体育教学语境下的多模态特征

体育教学同其他学科的教学具有本质的区别，其他学科的教学多是在教室内进行的，运用的语言模态要多于非语言模态。而体育教学语境下，体育教师要教授学生动作技能，非语言模态就显得比语言模态重要得多。在观看了大量体育教学视频后发现，体育教学语境下的多模态大致分为以下三个特征：

1. 以身体符号为主

体育教师在课堂教授过程中，不仅要通过语言、手势等语言模态机制，对学生进行动作技能的讲解，而且在讲解完动作要点之后，要通过自身示范，对技术动作进行演示。在学生的学习过程中，遇到学生有错误的动作，教师通过自身的演示，可以使学生认识到在学习过程中的错误点，在接下来的学习中能够改正错误动作。教师在进行演示时，通过身体符号的肢体动作，对技能进行分解演示，使手臂、腿等各关节协同配合，对所学的技术动作进行分解演示，对重点的动作进行重复示范。通过教师这种身体力行的示范，学生能够更容易学会动作技能。

2. 多模态的独立性

独立性指每种模态都是一个独立的体系，需要有不同的分析系统。就语言和非语言模态系统来说，虽然两者的理论基础是相同的，但是语言模态系统和非语言模态系统各有自己完整的分析理论。语言模态系统是运用听觉、视觉、触觉等多种感觉，通过语言、图像、声音、动作等多种手段和符号资源进行交际的现象。通常来说，现阶段可以依据两个标准来对多模态话语作出区分：即话语设计的模态种类的多少和涉及的符号系统的多少。而非语言模态系统是根据以手势等身体姿势或者非身体姿势，通过各种动作以及工具环境等多种符号资源和媒介进行交际的现象。

在体育教学中，独立性体现在各模态的作用是相对独立的。手势模态和肢体动作模态所表现出的身体形态是不一样的。对于一个动作技能来说，需要多种模态相互配合完成。动作的到位程度，节奏的把握等，需要各个模态独立完成，手势模态和非肢体模态的动作要领是不一样的，对各个部分的要求也是不同的，这就体现出各模态的独立性。

3. 多感官的意义协同性

意义协同有两个不同层面的意思：一个意义是目标的一致性，也叫“同指性”，即不论哪种模态，在同一语境下所表达的意义必须是指向同一个目标，意义的同指性能最大限度减少歧义，消除来自不同模态的词汇语法体系内部的多义性。然而现代更多以图片为主的语篇纷纷出现，在这类多模态语篇中，文字和图片的功能在于实现语篇不同侧面或不同阶段的意义，两者之间存在一种互补关系。这种互补关系从逻辑语义方面来理解，就是一种模态提供重点信息，另外一种是详述、延伸或强化，或者正好相反；从意义的具体表现关系看，有时不同模态之间是重点和补缺关系，有时是整体和部分的关系，有时是抽象和具体的关系。在体育教学中这一意义的协同性就表现在，体育教师在进行动作示范的过程中，不仅是语言的讲解，肢体也伴随着语言的描述进行示范，两者就很好地进行了互补。语言讲解的过于抽象，无法给学生呈现出具体的影像，在教学过程中，学生的注意力或者学习能力就会下降，课堂效率不高。而只进行肢体动作的示范，学生无法理解动作的关键点，只进行模仿而无更好的理解，做出的动作就会不规范。

（三）移动互联网下体育教学语境多模态协同机制

1. 体育教学语境多模态协同

体育教师在运动场地进行体育教学时，外界的环境和人物关系等都会影响教学过程。体育教师要根据外界环境的影响，选择合适的队列队形以及适当地对语言话语模态进行音调的提高，对所要讲解的教学内容进行多次重复，通过自身的身体模态来调整与学生之间的距离，运用各种身体姿势来进行教学。在教师讲解过程中，通过视觉和听觉模态，观察学生对所讲内容的面部表情，通过询问来了解学生的理解程度。在讲解过程中，体育教师会配合身体模态对体育动作进行示范，根据动作要求，选择正面、背面或者侧面进行示范。在示范过程中，遇到动作难点，音调会适当提高来引起学生的注意，示范动作的身体模态也会变慢。学生通过视觉模态和听觉模态对教师的示范过程进行学习，再通过视觉模态与身体模态调整与教师的距离。在教师进行示范的过程中，学生通过听觉模态、视觉模态以及身体模态对动作进行模仿。在这一过程中，身体模态是发挥主要作用，其他模态协同配合来完成。

在自由练习时，教师通过教学工具完成教学场地的布置，这一过程属于非语言模态中的工具的使用，以此让学生进行分组练习。教师通过视觉模态观察每个学生的练习情况，然后再辅之以语言模态和身体模态对错误的动作进行纠正。在课程的结束部分，教师通过语言总结学生在学习过程中的优缺点以及身体形态的各种姿势。在体育教学语境多模态协同的机制下，体育教学有条不紊地进行，教学主体之间通过自身的模态协同分配，共同完成教学任务。通过对教学主体之间的多模态分析，能够更好地了解教师的教与学生的学之间的关系，通过相互之间模态的互动使教学过程更好地完成。

2. 移动互联网对体育教学语境多模态协同的影响

移动互联网的不断发展，也逐渐应用在体育教学中。在对体育教学语境进行多模态的分析后，移动互联网对体育教学语境多模态的影响将会成为体育教学未来的研究方向。

录制好的体育教学视频通过网络上传到视频资源网站，用户可以通过手机、iPad 等移动设备进行在线观看，在观看视频时，学习者可以通过任何环境进行学习，不受场地条件的限制，在观看视频时，学习者的肢体被充分调动，身体模态充分展现出来，通过授课者的话语模态和身体模态，使学习者对动作有一个更清晰的认识。在学习过程中，学习者也可以通过语言模态中的文字符号进行与授课者的互动，通过对课程内容的不理解的部分进行留言，在授课者看到留言之后进行回复。

对于授课者而言，将自己的教学视频传到网上为学习者提供学习资源，在视频拍摄时，授课者不会局限于周围环境，通过语言的阐述以及具体动作的演示，来达到教学的目的。授课者在拍摄之前，对所要进行教授的内容以及所需要的工具会准备好，用文字记录下所要讲解的内容，这一准备过程，就涉及语言模态的文字以及非语言模态的工具。在讲授过程中，授课者通过自己的语言以及身体模态表现出动作技能，有的视频还会附加文本进行详细的说明。在授课者接收到来自学习者的问题时，会通过文字进行回复。学习者和授课者之间通过文字模态就完成了互动。

移动互联网为体育学习者提供了便利，通过网上授课者的各模态之间的协同配合来完成动作技能的学习。但是相比传统体育授课来说，教学主体之间通过话语模态的交流，例如眼神、手势、身体动作等语言模态和非语言模态来实时完成互动。这对于学习者来说能够及时完成错误动作的纠正，充分掌握动作技能。利用移动互联网时，这一问题就显得尤为重要，需要今后多加探索研究。

第五章
“互联网 +”时代 O2O 体育教学模式研究

将基于“互联网 +”的 O2O 教学模式应用于体育教学中，融入信息化现代化理念，发挥传统教学与在线教学的优势，对培养适应“互联网 +”时代的人才具有重要的战略意义。本章围绕“互联网 +”时代 O2O 教学模式应用于体育教学的本质与模式建构、“互联网 +”时代 O2O 教学模式对体育教学的影响、“互联网 +”时代 O2O 体育的发展以及“互联网 + 体育素养”线上线下培养策略展开论述。

第一节 “互联网 +”时代 O2O 教学模式应用于体育教学的本质与模式建构

一、O2O 教学模式的本质

O2O 教学模式是在教育技术现代化的时代背景下，将新型电子商务理念借鉴到教学方法改革实践中，利用互联网技术实现师生在网络教学平台的学习与交流，构建线上教学、线下交流双向互动的新型教学模式。O2O 教学模式摒弃了传统课堂教学中束缚学生主动性和自由性的学习天性，同时也改变了以教师为主导的“灌输式”教学体制，促进了课堂有效教学的形成。①

① 冷超，李大威．“互联网 + 体育”教学模式改革与实践 [J]. 继续教育研究，2018，(8)：124–128.

（一）教师角色：从演员到导演

在传统课堂教学中，教师是站在讲台上的演员，所有授课内容、教学方法、互动形式由教师决定，教师控制课堂教学主动权。而在 O2O 教学模式中，教师在线上变成了网络教学平台背后的总导演，根据专业人才培养目标和课程教学内容全面掌控学生在信息化教学平台的学习情况。同时，教师在线下教学中将学习主动权交给学生，帮助学生解决个人在线上学习中遇到的困惑和难题，引导学生形成解决问题的正确思维方式和构建完善的知识体系。

（二）学生角色：从观众到演员

教师是教学的主导，学生是教学的主体。具有主体地位的学生是能动性强的人，要充分发挥其自主性、能动性和创造性，而不应当是坐在台下听教师滔滔不绝地讲解的观众。O2O 教学模式充分彰显了学生的主体地位，将学生由台下的观众变为台上的演员，由“听”转变为“控”。学生可以在线上学习中根据课堂学习目标自我选择学习内容和控制学习进度，观看教学视频和自由网上交流，选择合适的测验方式和评价自学效果。学生在线下学习中也是重要的参与者，同教师解决学习中的困难，与同伴交流学习中的心得，巩固已学到的知识，促进知识的内化和迁移。

二、O2O 体育教学的模式建构与应用措施

（一）O2O 体育教学的模式建构阶段

O2O 教学模式由两个主体、三个阶段和两种形式组成：教师和学生构成了两个主体，准备阶段、教学阶段和评价阶段为三个阶段，线上学习和线下内化为两种形式。

1. 准备阶段

在教学准备阶段，体育教师首先要根据人才培养方案和教学大纲要求，对教学内容进行收集、整理、甄别和分类，构建满足学生学习需求和适合网络教学情境的数字化教学资源。体育教师要录制标准动作教学视频，重点介绍动作的要点、难点和易错点，尤其是对于关键动作细节可以采用放大、放慢和对比示范的视频教学形式，尽可能清晰准确地向学生传递教学信息，以便于学生在学习平台上模

仿练习，降低学习的难度和提高自主学习效率。

2. 教学阶段

（1）课前阶段。基于 O2O 模式的体育教学模式建构，在课前阶段以"知识传递为主、知识建构和知识内化为辅"。体育课程的学习不同于一般理论课程，个体对动作技能的掌握必须要有观察和认知的过程，如果学生之前对技术动作没有表象认知，就很难在短暂的课堂模仿练习中迅速建立稳固的动力定型，更不能高质量地完成动作记忆。因此，学生要充分利用好课前预习的作用，通过线上学习了解课程信息、观看教学视频、选学课程资源、探究疑难问题、参与在线讨论。

（2）课中阶段。课中阶段以线下教学为主要形式，体现"知识建构为主，知识传递和知识内化为辅"的教学理念。首先，学生在体育教师的引导下复习线上的学习内容，重新示范正确技术动作，强调动作技能内在规律和迁移原理，帮助学生纠正错误动作，讲解学生在学习过程中遇到的共性问题，解决部分学生的个性问题；其次，教师组织学生开展课堂讨论和小组学习，通过角色扮演、知识竞赛、经验分享和头脑风暴等形式促进学生对体育技能知识的消化和吸收；最后，各小组在网络教学讨论平台上展示研讨成果，汇报自主学习心得，在组间互评、教师点评、个人自评的基础上总结与完善相关知识点，从而达到巩固和应用学习内容的目的。

（3）课后阶段。课后阶段以"知识内化为主，知识传递和知识构建为辅"。学生对于体育动作技能的学习是一个循序渐进、逐步内化的过程，除了学生课前的自学和课中的教师指导，还要在课后对相关学习内容进行识记和强化，针对自己在学习过程中总结的薄弱环节进行查缺补漏，利用教师发布的课后作业和丰富的课外学习资源拓展自己的知识面，在社会实习和社团实践中对自己所学习的动作技能进行实践和应用。

3. 评价阶段

客观公正的教学评价是建构 O2O 体育教学模式的必备条件。根据 O2O 教学模式的特点和体育学科的学习规律，对于学生学习成绩的评价采用以下三种方式进行：

（1）形成性评价。教师要对学生在线学习过程进行全面评价，依据学生观看视频时间、参与讨论次数及发言质量、动作练习认真程度和在线作业完成情况进行打分，对于学生线下学习情况要根据学生课堂讨论参与度、小组合作贡献度、经验分享度等进行教师评价，还要结合学习小组间的评价和组内评价考量学生个体在学习过程中的综合表现，进而构成学生学习成绩的形成性评价结果。

（2）发展性评价。由于体育技能的学习与学生先天身体素质、运动遗传基因、个人训练经历等诸多因素相关，不同学生会在运动技能学习能力、掌握速度和练习质量等方面存在着较大的个体差异，就不能用相同的评价标准去考核所有学生的运动技能水平。发展性评价将学生个体参加体育学习的前测水平为参照系，着重关注学生在学习过程中个人的态度、努力和技能进步水平，不与他人的优异运动相比较，教师对每一个学生动作技能学习进度水平进行单独评价，充分保护学生的自尊心和向学热情。

（3）总结性评价。总结性评价是对学生参与 O2O 体育教学模式整个学习过程进行终结评价，考核学生最终的体育学习效果是否达到了预设教学目标要求。在学生完成线上和线下学习任务后，将学生的总体学习情况和各学习阶段测评结果汇报给学习评价专家组，通过专家组与主讲教师的共同协商，对学生的学习成绩进行量化对比和质性分析，最终给出综合性评价结果。

（二）O2O 体育教学模式的应用措施

1. 扩展教学时间与学习空间

在体育教学中引入 O2O 教学模式，扩展了学生课堂学习时间，学生利用自己碎片化的时间开展自主学习，解决了传统体育课堂中教学时间不足的问题。同时，也拓宽了学生学习的空间，得益于网络学习平台先进的 3D 视频技术，学生可以从正面、侧面、背面、俯视、镜像等视角观看教师的示范动作，更有利于学生快速掌握技术动作的内在规律。对于体育基础薄弱或动作协调性差的学生，还可以利用网络视频暂停、回放、重放、慢放等方式，多次观看教师动作示范视频，解决学生在课堂学习中不敢模仿、害怕同学嘲笑的心理障碍，帮助学生建立学习的自信心，使差异化教学成为可能。

2. 丰富教学内容，促进深度学习

O2O 体育教学模式丰富了学生体育学习内容，有利于将传统体育项目引进课

堂，学生有机会选择自己喜爱的体育项目，激发学生体育学习兴趣和体育参与动机。同时，为学生提供了相互沟通和交流的学习平台，学生可以探讨某个动作肌肉的收缩和拉伸顺序或身体在空间内的运动感觉，培养学生合作学习的团队意识、提高学生科学运用互联网的学习能力、增强学生分析和解决问题的思维能力，实现体育知识的消化、吸收、理解和迁移，从而达到深度学习的教学效果。O2O 体育教学模式的构建能够突破传统体育课堂教学的桎梏，充分融合网络教学的互动优势和体育教学的时空特征，真正为学生创设个性化知识结构教育体系，为打造深度学习和高效体育课堂奠定基础。

3. 发展表象认知，促进动作迁移

体育课程学习不仅需要学生的脑力劳动，还要有更多的肢体运动，学生动作技能学习效果很容易从外在的动作技能表现中得到即时反馈。如果学生在课前通过线上学习初步掌握动作技能的视觉表象和动觉表象，在线下模仿中就会很快熟悉动作节奏、掌握动作要点，表现出比较准确和连贯的动作细节，高质量地将动作知识内化于体育学习的认知体系中，不但有利于学习相关运动项目的正向迁移，也会在体育比赛中较好地发挥专项运动水平。

第二节　"互联网 +"时代 O2O 教学模式对体育教学的影响

"互联网 +"时代 O2O 教学模式对体育教学的影响具体如下：

（1）更新教师教学理念。受到体育教学以身体参与为主的特点影响，传统的体育教学过程中，现场教学主要以教师传授、学生接受为主。随着移动互联网的发展和普及，信息技术的介入对传统的课堂教学模式产生了颠覆性的影响，突破了以往体育教学中教与学的固定关系，突出了学生学习的主体作用。因此需要通过对相关问题的研究，来更新教师的教学理念，以互联网思维来适应"互联网 +"的时代变化。[①]

① 李波，薛雨平 . 社会学视角下体育硕士研究生课程构建的再审视——兼论综合性大学体育硕士研究生课程构建 [J]. 山东体育学院学报，2010，26（11）：77-83.

（2）激发学生学习兴趣。通过移动终端来进行体育课程的学习，与传统的课堂教学相比，具有更强的互动性、娱乐性、直观性和便捷性的特点，实现现实—虚拟—现实的交互，能够充分调动学生的学习积极性。

（3）创新体育教学方法。O2O教学模式中，学生在教师设计的线上线下教学活动持续督导下，以问题为导向，以整个互联网作为学习背景，发掘、分析、连接、协作、组织和分享学习资源，并达到课程学习目标，这是以往传统的教学方法所不能达到的作用。

（4）丰富体育课程资源。互联网上有着海量的可供充实体育课程教学的资源。O2O教学模式可以充分利用互联网平台提供的文字、图片、视频等资源，来弥补高校在体育教学中资源不足的缺陷。

（5）弥补师资不足。随着体育信息化进程的加快，体育全球化传播使体育的发展日新月异，一些新兴体育项目如户外运动、极限运动、休闲娱乐运动等越来越受到大学生的欢迎，但部分高校体育师资力量相对不足，对于一些新兴体育项目的教学存在客观的困难。互联网资源可以在一定程度上弥补师资力量方面的不足，满足学生对新兴体育学习的兴趣。

（6）改变体育学习习惯。O2O教学模式并不是传统的网络教学，它更加强调学生在教学过程中的体验性和参与性，改变过去被动接受的学习习惯，而转变为积极主动的学习。移动互联网4G、5G和无线网络的全覆盖，以及移动手机的全面普及，促使移动化学习、碎片化学习与交互学习成为可能。

第三节 “互联网+”时代O2O体育的发展研究

一、体育O2O的功能与特点

体育O2O的概念即搭载于移动设备上的采用O2O营销模式，帮助用户进行在线课程预约、教练预约和场馆预约等体育健身服务的商业性营销App。用户可以在这种App上进行预约，支付后即可到线下的健身场馆进行健身消费，它极大地提高了线下场馆的利用率，为健身人群和健身场馆都带来了便利。

（一）体育O2O的功能

1. 提供社交平台

体育O2O搭建了社交平台，用户在注册之后可以在交流平台上进行健身心得交流、互相关注社交号、约定合作健身等活动，极大地提高了用户的健身兴趣和对健身App的使用依赖性，有利于扩大体育O2O的影响力、造就良好的口碑，形成健身社交生态圈。同时体育O2O公众号会每天发布饮食摄入建议或健身优惠活动等文章，为用户提供了多方面的人性化服务，获得了良好的声誉和健身用户的支持。

2. 在线预约功能

在线预约功能是体育O2O最主要的功能。体育O2O在线上提供了器械、舞蹈、游泳、瑜伽、搏击等一系列健身课程，用户在购买会员套餐后可以在与App合作的任意一家健身场馆进行健身课程的预约，然后在线下健身场馆进行健身消费，极大地提高了用户的选择自由度。同时，体育O2O还提供预约私人教练的服务，用户在App平台上可通过地理位置、价格、教练点评等因素进行甄别，筛选出最适合自己的教练服务。预约私人教练不仅可以使用户的健身过程得到专业指导，而且提供给教练业余的盈利机会，减少了空余教练资源的浪费，实现资源的一举两得利用。

3. 记录健身数据

体育O2O开辟了健身数据记录版块，该功能会记录用户的健身时间、总消耗热量、食物摄入等内容，可以帮助用户有效地分析健身情况，根据健身数据调整自己的健身强度。健身数据记录版块同时支持数据共享功能，用户可以把这些健身数据上传到即时通信软件，与健身好友之间比拼健身效果，在激励自己加强健身的同时也推广了软件。同时，一些体育O2O还设立了私人定制版块，由专业的健身教练给予量身打造的健身服务定制，是一个十分人性化的功能。

（二）体育O2O的特点

1. 具备较强的便捷性

体育O2O是基于O2O商业营销模式的软件，其最主要的特点就是可以线上预订线下消费，这种模式节省了用户寻找健身场馆的时间，突出了其便捷性强的特点。用户在 App 上购买健身权限后，根据自己的兴趣爱好选择舞蹈、游泳、器械等健身课程，篮球、羽毛球等健身场馆或者私人教练，选择范围极其广泛。接着去线下实体店进行健身消费，省略了寻找场馆的时间，缩小了用户与健身场馆的距离。同时可以根据其他 App 用户的动态来比较同类健身课程和场馆的优势劣势，选择最适合自己的健身课程和场馆，因此体育 O2O 的便捷性极强。

2. 收费模式的多样化

体育 O2O 为了提高自身知名度和用户使用量，采取的是多样化的收费模式。目前我国市场上的体育 O2O 主要采取两种收费模式，包月式和按次付费模式。如“小熊快跑”采取的是包月式的会员制收费标准，即根据健身城市的不同而提供不同价位的收费标准。如用户购买了全国通用 1 个月的单月会员后，可以在其合作的任一健身场馆进行健身消费，而且“小熊快跑”只允许用户每个月同一健身场馆只能去 3 次，这在一定程度上缓解了线下健身场馆的压力。“燃”则采用的是按次数进行收费的模式，即用户可以根据自己的爱好选择任一健身课程，每一项健身课程上都有明确的收费标准，提高了用户的选择权。

3. 基于 LBS 技术

LBS 技术（Location Based Services）是一种基于地理位置的信息服务，它是将移动通信网络和卫星定位系统结合起来，在电子地图平台支持下为手机等移动终端提供位置服务的一种增值业务。体育 O2O 采用了 LBS 技术，这种技术可以通过网络实时定位出用户的位置，提供其周边健身场馆的信息，帮助用户根据自己所在的位置选择健身场馆，节省了用户寻找场馆的时间，同时也提高了场馆的知名度，对健身用户来说十分方便。

二、体育 O2O 发展中存在的问题

（一）缺乏核心竞争力

核心竞争力是指企业相对于竞争对手而言所拥有的领先性、难以模仿性的核心能力与竞争优势，是能够保证企业提高其经济利益为目的的相互依赖与关联的技能。对于我国的体育 O2O 而言，其核心竞争力主要表现在与其他 App 相比较

所拥有的领先性与难以模仿的核心能力。由于我国体育 O2O 的发展正处于起步阶段，市场上并未出现知名度较高或者垄断性的 App，所以各大体育公司为了争取市场份额，争相推出了独立开发的体育 O2O，然而这些 App 都是复制了原有的 O2O 营销模式，在 App 上提供的健身课程、收费模式等内容基本相同，因此导致了 App 出现核心竞争力低的表现。如“全城热炼”整合了优质的健身资源和不限次数的消费模式，涵盖了器械、舞蹈、游泳等丰富多样的健身课程。而“燃”也拥有器械、舞蹈、游泳等健身课程，服务内容和形式与“全城热炼”大同小异。因此，我国体育 O2O 内容体系尚未完善，基于 O2O 营销模式下的健身类 App 都相互模仿，采用相同的服务模式和项目，没有创新性和其他 App 无法模仿的核心能力，缺乏核心竞争力和软件特色，因此用户的选择度较为广泛，对体育 O2O 的使用没有依赖性，进一步凸显了 App 缺乏核心竞争力的弊端。

（二）盈利方式较为落后

目前体育 O2O 的盈利方式主要是通过大批量场馆的整进和散出、广告代理费用和在线支付带来的融资效益，其中以大批量场馆的整进和散出为主。大批量的整进和散出是指体育 O2O 通过向体育场馆购买大量的次卡，然后要求用户上课签到，每月与体育场馆结算课次，按人次付钱。这种盈利方式较为烦琐，而且收益甚微。因为体育 O2O 和其他刚进入市场的互联网产品一样，都采取的是资金补贴式的营销方式，即先扩大自己的知名度，赢得用户的青睐，之后再考虑盈利的方式。以“燃”为例，每一单的补贴在 20 ~ 40 元左右，“燃”健身每日产生 2000 单以上的交易，按次推算，“燃健身”软件每日补贴金额最少达到 4 万元以上，因此，体育 O2O 的补贴花费巨大。这种营销方式的背后是巨大的融资金额，基于长远发展来看，体育 O2O 的盈利空间不是很大。所以体育 O2O 资金回收太过于缓慢，盈利方式较为落后，融资金额不足会导致体育 O2O 企业收益甚小，因为资金回收不足而退出体育 O2O 市场。

（三）用户体验无法保障

由于体育 O2O 采用的是线上购买服务，线下进行消费的营销方式，这就要求线上购买的体育服务与线下消费流程相匹配，如果用户线下进行体育体验时感觉体育场馆陈旧、教练专业性不强、体育课程不完善等问题，这些因素就会导致用户对体育O2O的实用性存在质疑，很可能造成用户的流失。同时由于体育O2O产业缺乏足够的市场管理，App应用商店也未对其建立相应上架要求，App自身虽然提供了线上交流平台，但是在官方却未设立反馈渠道，用户消费反馈机制较弱。用户的相关建议或者投诉也没有合适的申诉途径，因此体育用户的体验无法得到保障。

三、体育O2O的主要发展路径

（一）拓展人性化功能

针对体育O2O的爆发式增长和市场混乱的局面，只有不断扩展人性化功能，增强体育O2O自身的核心竞争力才能使其在竞争中脱颖而出。App的个性化功能指的是其他体育O2O尚未拥有或者无法匹敌的核心功能，如“初炼”这款App，它提供了健身兴趣偏好设置以及绑定智能手环的功能，这是其他体育O2O尚未拥有的，因此它的用户使用量相对较多。同时，体育O2O可以增加体育餐饮方面的功能，为体育用户量身设置饮食参考，保持用户的健身效果。因此，不断扩展体育O2O的人性化功能才是增强其核心竞争力的重点，才能保证其用户量的增长。

（二）扩宽盈利方式

盈利是体育O2O在市场运营的终极目的，拓宽盈利渠道才能实现盈利的增长。因此在保持原有的盈利方式下，体育O2O可以通过生产智能设备、提供定制化服务和提供健康管理咨询等渠道来实现盈利的增长。生产智能设备主要是针对智能手环等可穿戴设备的开发，这是未来体育产业的重点，拥有巨大的盈利空间。另外，目前部分体育O2O已经开辟了定制化服务版块，为需要人群提供免费的体育课程制定服务。但是这种服务业务量较大，线下健身教练资源较少，初期建设比较困难。该版块应该以健身教练为中心，提供会员制的营销模式，并采用一对一的体育课程服务。提供健康管理咨询服务是基于可穿戴设备对用户健身数据的统计分析之后，配备专业的健身教练给予健康管理咨询服务，并收取一定费用，这就是未来体育O2O的盈利主要方式。

（三）建立用户反馈机制

体育O2O的目的是为了给健身用户搭建预订平台，提供更加便捷化、人性化、专业化的服务，因此用户的健身体验度十分重要。用户对App的评价与反馈信息是不断促进其发展的重要依据，因此建立用户反馈机制对体育O2O来说至关重要。体育O2O可以专门设置用户反馈版块，接收用户的反馈信息。同时可以在App上提供在线客服的功能，不仅可以接受用户反馈信息，还可以解答用户问题，提高用户对App的了解程度，增强用户对其依赖性，因此建立用户反馈机制十分重要。

在互联网飞速发展的背景下，体育O2O的发展迎合了国家政策和体育市场的双重需求，凭借着自身独特的线上营销线下消费模式，将会充分激活体育市场的潜力。同时，体育O2O进行了线上线下资源的整合，打破了空间与时间的束缚，提高了场馆利用率，使体育人群获得了更加快捷和专业的指导。体育O2O作为我国体育产业O2O营销模式的代表，其市场运作状况也体现着该模式的发展状况。随着“互联网+”政策的不断推行与产业优化，体育O2O的使用率会越来越高，从而进一步推动我国体育产业的网络化、现代化和科技化发展。

第四节　“互联网+体育素养”线上线下培养策略探究

一、“互联网+体育素养”线上培养策略

（一）形成“五位一体”的组织培养模式

互联网具有信息无线畅通、不受地域限制、信息时效性快的特点，可以充分地调动各组织积极性和创造性资源。学生体育素养培养的组织形式主要以学校为主，形式过于单一，是学生体育素养培养的弊端，如何形成家庭、学校、社会、企业、政府“五位一体”的多组织联动途径是提升学生体育素养的关键。运用互联网平台的优势，则可以构建家庭、学校、社会、企业和政府“五位一体”的多组织形式。在互联网平台的技术支持下，各组织之间可以通过网络平台建立多方面的互动联系，展开多方面的活动和协作。例如学校可以通过官方网站发布信息，

组织体育活动，邀请社会、家庭报名来参加，家长可以作为参赛人员和孩子一起进行体育锻炼，也可以参与活动角色，活动以学生为中心，展开不同分工，各单位各负其责，保证活动顺利进行。学校和体育企业可以通过互联网平台展开合作，体育企业可以给学校提供实习的岗位，通过实习机会，学生可以发现自己体育方面的不足，进而有效补充必要的体育知识。企业也可以向学校提供资金和物质的支持；同样学校可以与政府合作获得更多体育优惠政策等。①

另外，网络社交是指人与人之间的关系形成网络化，人们可以通过体育项目为符号，建立各种项目的QQ群、微信群，将原本遥远的“陌生人”拉到“常联系人”，“网缘”将成为学生体育素养培养的新组织形式。“五位一体”的各组织之间的相互协作和新型的组织形式“网缘”将会给学生体育素养的提升带来全方位便利。

（二）建立多元化师资库

学校应当要求加强体育教师互联网思维的学习，定期举办教师互联网思维培训，另外要充分利用校内和校外的体育师资力量，建立多学科交叉、理论型和实践型多元化的师资力量。体育教师要具备互联网思维，进行互联网思维教学，同时也要适应互联网形式下的教学组织形式，由原来单一的教学向多种模式或者混合模式转变。利用互联网平台构建多样化的体育师资库，师资库不仅包括学校的老师，同时也应该包括校外其他院校的老师和优秀教练员、退役运动员、社会体育指导员以及企业、政府的体育工作者。

互联网技术的优势可以实现不同地域、不同空间的教学，体育专家、健身教练等都可以利用互联网进行远程教学，或者是通过网络社交进行一对一的教学等，教师或者健身教练可以通过身份注册、审核通过的形式在学校官网上进行教学，学生可以通过网站对老师进行选择，老师也可以通过不同项目设定学生填写的问卷，根据问卷的填写，选择合适的学生进行教学，对于不符合要求的学生可以提出建议参加其他运动项目或者推荐其他项目老师。学习结束，学生可以对老师的课程进行评价，通过过程性评价更好地促进教师素养提高。

---

① 孟泽.基于“互联网+”的上海市普通高校学生体育素养培养策略研究[D].上海：上海交通大学，2018：30-36.

（三）发挥社会环境优势

全民健身和健康中国战略的实施是我国良好社会体育文化的助推剂。互联网作为信息的载体，在体育的信息传递中具有重要的作用。各种体育网站发布体育赛事的最新信息，时时在影响着人们的生活。学校应该利用互联网技术的优势，开发高校体育 App 软件，功能分为体育选修课查询、信息公告、赛事指南、我要运动、场馆预定、资源共享等，体育选修课查询功能便于大学生获取相应公共体育课程的开展情况，加入学分认证系统，建立与体育教师的沟通渠道，如因故调课或者因空气原因无法开课可以及时通知，另外还可以为那些对其他体育项目课程感兴趣的大学生提供旁听机会；信息公告主要是学校定期发布体育赛事新闻、赛事活动和体育相关的知识讲座，引导学生了解体育知识和健康常识；赛事指南是学生可以通过学校赛事安排，进行报名参加，方便学生了解学校体育活动的相关信息；体育社团管理是指参加体育社团的人员管理，各社团之间可以相互交流，共同致力于建设好校园体育文化氛围；场馆预订是指学生可以合理安排自己的时间提前预订学校体育场地进行体育锻炼；资源共享主要是体育和健身的学习视频，学生可以根据自己的需求选择不同的项目进行学习。学校应当多组织各种各样的体育活动，赛前进行有效的宣传，促进形成良好的体育文化氛围，也可以设定体育项目公众号，方便学生进行报名和了解赛事的相关信息。

（四）拓宽培养渠道

学生体育素养的培养渠道大都源自传统的教学方式——教师授课。传统的教学方式是有边界的、封闭式的，大部分学生的学习都在操场或者教室里，时间也有所限制，大部分在体育课上或课外体育活动。在"互联网+"时代，像微信公众号、微课、翻转课堂、学习空间、云课堂等多样化的学习方式，可以将资源有效整合，促进教育效率的提高。"互联网+"体育素养培养策略下，翻转课程成为学生课前学习的亮点。翻转课堂是学生利用课前老师提供的音频、视频、电子材料进行学习，在体育课上进行答疑、有效进行重点讲解的教学方式。

翻转课程的优势颠覆了过去"以老师为中心"的课堂教学策略，可以发挥学生的主观能动性，学生可以充分利用自己的碎片化时间进行学习。学生对课前老师提供的资料进行学习，不懂或者不会的问题可以给老师留言，老师可以通过后台程序对学生提出的重难点进行归类总结，在体育课上通过体验教学法、个性教学法等多种形式引导学生积极互动，保证体育课顺利进行的同时也增加了体育课的乐趣。

“互联网 +”学生体育素养培养策略强调学生在学习中的主体地位，学生也可以通过不同的网站和服务平台对自己喜欢运动项目在网上进行学习，选择自己喜欢的老师进行学习，同时也可以在网上预定自己运动项目老师，约定时间在线下进行学习，学习结束还可以对教师的教学进行评价，这种方式既可以满足学生个性化的需求，另外体育服务机构也可以根据学生评价的好坏对教师教学质量进行考核，对表现较差的教师进行再培训，有利于服务机构更好地发展。总之，多途径的培养渠道可以为学生的体育学习提供更多机会，可以更好地促进学生体育素养提升。

（五）“众筹 + 众包”增加体育场馆设施

如何让每个青少年都能积极地参加体育锻炼，对于整个国家和民族的未来有着极为重要的意义。推进全面健身和健康中国战略，先要解决场地设施问题。场地设施是青少年参与健身、追求健康的场所，是实现全民健身和健康中国非常重要的措施。

在体育设施、场地的建设方面，政府或者学校的有关部门可以利用互联网平台，通过众筹和众包的方式满足学校体育设施场地的建设要求。众筹是指以政府或者学校体育的有关部门为发起人，借助网络平台，依靠社会各方募集资金。应当建立多元化资金筹集机制，优化投融资引导政策，通过设立体育场地设施建设专项投资基金和政府购买服务等方式，鼓励社会力量投资建设体育场地设施。众包指与体育相关的负责部门通过互联网平台做场馆设施的开发需求调研，并以普通高校学生的真实体验和感受为出发点购买相应设备或建设体育场地设施。这样可以真正做到以人为本，以学生体育需求为出发点，通过购买多种体育设施，来满足学生对体育运动的需求，提高学生体育运动兴趣，进而养成体育运动习惯。

在场地设施管理和运营方面，学校和企业应当运用互联网技术进行广告宣传，营造良好的体育氛围。首先，学校应尽可能多地开放体育场馆；其次，延长体育场地设施的开放时间；企业应尽可能多地开放优惠活动，提高场馆的关注度。学生可以通过网站或者手机App软件对学校或者企业附近的体育场馆进行场地预定，下单支付，通过在线支付的方式线下进行体育锻炼，学生运动体验结束后可以对场馆的服务进行评价和提出意见，这样可以更好地促进企业人性化发展。

二、“互联网+体育素养”线下培养策略

大学生体育素养的培养涉及家庭、社区、学校等培养主体，它们各自相互独立，缺少联系，“互联网+体育素养”线下培养策略是基于共同责任理论，构建“以学生为主体，家庭为基础，学校为动力，社区、多媒体为支撑”的大学生体育素养培养策略，目的是发挥各主体的优势，通过优势互补实现功能最大化，促进学生体育素养的提升。

（一）丰富家庭体育文化生活

大学生体育素养的培养最开始源于家庭，家庭体育文化氛围的优劣对孩子健康成长产生很强的感染力和影响力，同时也决定了孩子能否养成持续不断的体育运动和健身习惯，所以家庭是大学生形成体育习惯、培养体育素养的基础力量。家庭成员之间要共同努力，形成良好的家庭体育文化氛围。父母要养成体育锻炼的习惯，发挥榜样力量，同时鼓励和监督学生在家期间进行体育锻炼，周末或节假日带孩子出去爬山、野炊、徒步旅行，营造良好的家庭文化氛围。

（二）发挥学生主体地位，培养运动兴趣

目前大学生体育知识和体育技能缺乏，主要是由于“懒惰”“学业压力重”“没有兴趣”等多种因素共同作用的结果，在调查中发现很多高校的师资、场地设施等方面都具有优质的条件，所以目前激发学生参加体育锻炼的内在需求是关键。学生应该认识到健康的重要性，同时掌握一两项体育技能，平时多关注体育素养相关的书籍和参加与体育相关的活动，养成经常锻炼的习惯，磨炼意志品质。任何人要想从运动中获益，必须长期坚持下来，将运动融入生活。

（三）建设社区体育文化

社区体育是学生走出校园步入社会的运动场所，很多社区都覆盖学生所住的家庭，社区与家长的联合至关重要。要加强体育场地设施的建设，为学生提供更多的锻炼机会。媒体作为信息传播的载体，目前已成为学生除了教师教授以外学

习最重要的渠道，很多学生利用自己碎片化的时间进行体育知识和技能的学习。随着新媒体不断发展，学生获取体育资讯的渠道将会越来越广泛。

（四）发挥学校体育牵引动力

学校在大学生体育素养培养中具有牵引的作用。先进的体育教学理念，成熟的体育教育与健康体系，优越的师资条件和优质的体育场地设施为学生的体育素养培养提供了思想和物质保障。高校应当充分进行资源整合，成立学生体育素养培养专任小组，因材施教、因地制宜地制定和实施学生体育素养培养方案，另外提供必要的专款支持。同时学校要与家长、社区建立共同培养机制，实现各组织的资源互补。学校要经常开展体育赛事和体育文化活动，丰富校园文化生活，形成良好的体育文化氛围。

第六章

“互联网 +”时代体育硕士研究生的培养

“互联网 +”时代体育硕士研究生的培养应明确人才培养的目标定位，提高对培养现状的认知，加强培养质量提升的针对性和有效性。本章重点探讨体育硕士研究生的培养与提升策略、“互联网 +”时代网络技术对体育硕士研究生教学的影响。

第一节　体育硕士研究生的培养与提升策略

一、体育硕士研究生的培养

（一）体育硕士研究生培养的教育属性

教育属性可从三个基本依据开展分析。第一，考察体育专业硕士研究生教育形成于怎样的社会背景下。换言之就是它的教育属性应该精炼于它的历史与发展过程；第二，研究体育硕士专业学位研究生教育对经济社会发展的作用，也就是从它的社会功能出发研讨其实质特性；第三，观察体育专业硕士研究生教育是怎样发展和变化的，也就是从运行形式或方式上分析其教育属性和本质特征。本章从这三个基本维度总结出，体育专业型硕士的教育属性是“立足体育行业，着重专业实践，重视体育技能，凸显研究应用”。这四个特性相互关联、相互约束，明确了其外延和内涵。①

对体育专业学位研究生培养的教育属性的分析，可以从宏观顶层设计中的培养目标、培养规格和社会功能与价值取向的定位，到微观层面的运行模式中的课程设计、教学实施和质量评价等，明确其教育属性中“体育职业性”“专业性”和“研究性”等特点。体育专业的专业学位硕士研究生教育与学术型学位研究生教育不同，是一种特殊的研究生教育，它和学术型学位教育的差异亦即体育专业学位教育更注重“立足体育行业，着重专业实践，重视体育技能，凸显研究应用”。

（二）体育硕士研究生培养的主要特征

体育专业学位研究生培养不同于传统的学术型学位的培养制度，具体而言，体现出与体育职业需求的一致性以及与学术型体育硕士的差异性特征。

1. 体现与体育职业需求的一致性

所谓“专业学位”究其本质就是职业学位，对国外的文本和语义进行分析，也可准确翻译成职业学位。专业学位的职业面向应具备较高的专门技术水平，掌握较高的专业知识功底，并在就业门槛上有严格的条件，特别强调专业知识和技术的实际应用。完成专业学位研究生教育的职业从业者应具备该领域扎实的理论素养、理论与实践转化能力。

体育专业学位研究生教育不同于学术型体育硕士强调体育理论和体育技术的创新，其更加面向职业需求，强调在体育实践过程中解决现实问题的能力。其职业性特征要求其在培养的整个过程体现体育职业的需求，职业需求为导向的培养目标要求制定培养方案、设计课程体系，确定教学内容过程中体现基础性、实践性、选择性、职业性等特征。该学位教育是在扩宽受教育者体育科学基本知识的基础上，强调体育职业实践和职业素养的培育，注重体育知识应用到体育实践的过程。

2. 体现与学术型体育硕士的差异性

体育专业学位研究生教育在人才培养上是否体现实践特色并与学术型体育硕士进行差异化培养，是体育专业学位研究生教育成败的关键环节。与学术型体育硕士强调“体育知识的实践”不同，体育专业型硕士强调“实践的知识”。围绕

---

① 张岩 . 互联网条件下的体育教学模式 [J]. 中小学教师培训，2003，（10）：58.

实践性特色培养，强调实践课程和实践训练。与学术型体育硕士突出强调体育理论创新不同，体育专业型硕士凸显实践性知识和应用性知识的探究，知识的职业性和实践性特征明显。从现实方面来说，体育专业型硕士主要面向的是体育职业背景和经历的本科生，规避这一矛盾的重要途径就是加大在培养过程中体育知识的应用性，在课程设置、教学方法、产学实践和评价方式等系统性的培养过程中重视专业实践的积累。因此，在体育专业型硕士的培养过程和结果中要体现与学术型体育硕士的差异性，培养结果的评价更加凸显研究成果的实践价值。

（三）体育硕士研究生培养的目标定位

全国专业学位研究生教育指导委员会作为管理专业学位的政府部门，是对体育专业硕士目标定位的权威部门。体育硕士专业学位教育是以体育事业人才需求为导向，旨在培养具有系统专业知识，较高体育专业素养和良好运动技能的高层次、应用型体育专门人才，为我国体育事业发展输送合格的体育教师、教练员、社会体育指导及各类体育竞赛管理人员等。

专业学位研究生教育是高等教育契合社会需求和社会分工不断变化的产物，设置的目的是为了培养具备较高专业知识、能力和职业素养，突出实践性和应用性特征，与学术学位研究生强调理论创新有明显区隔的，满足特定职业方向，培育在应用领域的创新才能的一种学位类型，是职业教育适应社会结构和社会分工不断细化的深层次发展，是职业教育愈发突显科学技术应用性的必然要求。与普通职业准入门槛要求相比较，部分特殊行业要求具备较高的知识水平和应用能力，更加强调其专业水平，因此我国将此类职业学位称之为专业学位。

体育专业学位研究生获得者面向体育教学、运动训练和体育管理等应具备较高知识水平和应用实践性的体育职业和行业。从职业教育的特质和目标进行分析和总结，体育硕士专业学位教育作为体育最高层次的职业教育，课程与教学模式和评价机制应当注重学术性、应用性和职业性的相互融合。学术性、应用性和职业性三者之间并非矛盾，学术型体育硕士学术性强调理论的原始创新，专业型体育硕士强调知识应用的原始创新和满足不断变化的体育职工需求。与学术型体育硕士学术性特征不同，体育硕士专业学位研究生学术性更加突出职业领域。对体育硕士专业学位研究生办学定位的明确，有助于区别两种学位培养模式以及凸显体育专业型硕士的教育价值。因此，学术性、应用性和职业性是体育硕士专业学位研究生教育相互融合统一的价值取向和价值追求。

（四）体育硕士研究生培养质量评价指标构建原则

指标体系的构建遵循以下原则，采用专家评议法对体育硕士专业学位研究生培养质量评价指标进行提炼。

（1）方向性原则。对体育专业型硕士本质特征和教育属性进行分析，挖掘其质量要素基础，以适应现阶段社会对体育人力资本的需求，指引其培养方向。培养质量评价体系的构建应有助于体育专业型硕士培养的全过程，是破解与学术型体育硕士差异性模糊问题的途径，也是分析其培养质量内在结构的基本要求。

（2）科学性原则。指标体系的建构必然需要遵循高等教育发展规律和体育学科的特点，应当遵循体育硕士专业学位研究生培养的客观规律，运用科学的研究方法解析体育硕士专业学位研究生培养质量的特质要素和逻辑关系。培养质量评价要素之间应相互独立，评价指标之间不应存在共线性问题，指标的选取应反映培养质量的核心和本质特征。同时，指标体系不是包罗万象的要素的结合，以免影响评价的可操作性和评价成效。

（3）特色性原则。体育硕士专业学位教育有其自身的特色，在培养质量评价指标体系中要体现其职业教育的特质，又要凸显体育应用性的特色和体育职业面向，更要区别于学术型体育硕士的质量要素，因此，特色性原则是构建培养质量评价指标体系的重要原则。

（4）综合性原则。体育专业型硕士的职业面向结构众多，高校体育教师、高级社会体育指导员、高级体育管理者等职业面向的需求要素存在明显的差异。然而，解构其共性特征和分解其特殊性特质都是本书的重要任务。因此提炼和综合体育专业型硕士培养质量是构建评价指标体系的又一重要原则。

（5）简练性原则。对抽象事物进行具体的量化评价，避免其模糊性、指标计算的难度和随机性，需结合量化和质化研究方法和理念，评价指标的维度和子要素的数量要科学适中，两者既不能过少也不能过多，避免走向特征不显著、包罗万象等情况。

二、体育硕士研究生培养的提升策略

体育硕士专业学位研究生和学术型研究生是体育硕士研究生教育两个重要组成部分，两者培养的高层次体育人才规格满足于不同体育领域对高端体育人力资本的需求。21 世纪以来，我国加大了体育硕士研究生教育的改革力度，在外延和内涵建设均衡发展理念下加快了发展脚步。体育专业型硕士研究生教育的发展不仅是体育高等教育自觉回应不断变化的社会对体育高端、多元和个性化人才的呼唤，而且也是体育硕士研究生教育发展的必然选择。然而，新事物在发展过程必然出现种种新问题、新变化。

（一）创新应用人才的培养理念，优化生源和选拔质量

体育高等教育管理部门、高校、校内外导师团队和社会应强化对体育专业型硕士和学术型硕士知识结构、能力结构和职业素养差异性的培养理念，创新和优化体育专业型硕士个性化的培养方案，紧密联系不断变化的社会对高层次体育职业人才能力的需求，改变社会对体育专业型研究生教育的认知偏差。

体育硕士研究生教育是培养我国高层次体育科技与教育、社会体育人才的主体，办学成效和培养目标是否契合社会对该领域专门人才的需要，关系到我国全民健身国家战略的成功实施。专业型和学术型体育硕士两种不同的培养类型在体育硕士研究生教育中处于同等的地位，但两者培养目标、培养方案、办学定位、课程教学方式和考核方式具有差异性。差异性的存在是人才培养目标和人才职业定位决定的。体育硕士研究生教育要发展成熟首先要回答的是“培养什么人，如何培养人”这个核心问题。两种不同类型的体育硕士研究生的培养类型在遵循研究生教育普遍规律的同时，更应充分认识和落实两种不同类型体育硕士培养的特殊性和差异性。作为体育专业型硕士研究生教育的利益相关方，高等教育管理部门、培养单位、培养教师和社会力量在转变过去传统体育学术型硕士的培养理念，规避培养同质化的现象。

1. 明确办学定位

从宏观而言，稳步推进体育专业学位研究生教育是我国今后一段时期的重要任务。优化和调整具有体育职业特色的培养体系是体育高等教育管理部门亟待解决的问题。随着近些年体育硕士专业学位研究生教育规模的扩大，体育专业型硕

士整体招生规模与学术型硕士并驾齐驱。新形势下，体育高等教育管理部门应增强具有现代体育职业导向的新型体育专业型硕士培养体系建设的力度，紧密跟进社会对高层次体育职业人才的变化需求，不断扭转和改善在培养过程中可能出现的偏离培养目标的制度性问题，自觉优化和创新培养体制和机制，通过各种政策手段引导和规范培养单位在体育专业型硕士研究生教育中课程教学、实习实践等培养模式中的改革。

第一，提高体育专业型硕士培养单位的办学自主权。美国的研究生教育一直处于世界的先进行列，发达的研究生教育支撑其科技、经济、文化的领先发展。美国专业学位研究生教育成功的要素就是各高校或培养单位具有灵活的办学自主权。高校或其他专业学位研究生培养单位作为具体的人才培养单位，对不断变化的社会需求和未来发展趋势有强的灵敏性，体育高等教育管理部门应制定相关政策和规定，鼓励和促进各培养单位在人才培养模式改革中的自主权，创造相对宽松的办学空间，促进各培养单位研究生教育不断探索。

第二，建立健全体育硕士专业学位研究生教育扶持政策。针对高校和体育专业型硕士两个不同利益主体，分别制定扶持政策体系。加大体育硕士专业学位研究生培养单位的财政支持力度，增加体育硕士专业学位研究生实践基地的经费投入，协调利益相关者对高层次应用型体育人才校内外实习实训基地建设，推进体育专业型硕士规模、结构和质量均衡发展的跟踪机制。分类推进体育专业型硕士和学术型硕士资助体系建设，制定区别于学术型体育硕士研究生的奖助学金评定体系，确保体育专业型硕士研究生奖助学金覆盖面和经费投入与学术型体育硕士保持平衡。制定体育专业型硕士创新创业教育制度体系，搭建高效的体育硕士专业学位研究生产学研资金扶持平台。

2. 加深对体育硕士分类培养的思想认识

培养单位应加强体育硕士研究生分类培养模式改革和创新，加深对体育专业型硕士培养职业性和实践性的认识。各层次培养单位应始终以“体育职业导向的专业性”作为目标，依据各自办学特色、区域特点、师资条件，科学制订招生计划和培养领域。在具体的招生和培养过程中，借鉴国外先进的理念和做法，对体育专业型硕士研究生招生选拔实施政策倾斜，在保证招生程序和监督管理公平公正的基础上，适当对考生运动经历和职业经历进行考察，对具备深厚职业背景和运动经历的社会指导员、教练员和运动员实行优先录取。对应届本科毕业考生的选拔，应注重其本科阶段教育所储备的知识与体育专业硕士专业学位教育的相互衔接，加强体现“职业发展”的特色。

第一，立足我国研究生教育供给侧改革的战略意识和危机意识。我国体育硕士研究生教育是社会高层次体育职业人力资本供给的重要途径，加强内涵建设必然要求高校服务国家各项体育事业发展的战略要求。严格落实体育专业型硕士培养方案的各项目标，优化体育专业型硕士申报点建设。明确体育学术型和专业型硕士分类培养的目标，突出体育专业型硕士职业性特点，在培养基础质量管理、过程质量管理和结果质量管理上为体育高等院校、体育职业赛事管理或社会体育组织培养应用一线需要、解决体育实际问题的高层次应用型体育人才。培养过程的实然状态是，高校落实培养方案的各项目标仍然滞后；培养主体欠缺培养方案上的可操作性手段与质量评价反馈机制。高校应明确细化体育专业型硕士基础质量、过程质量、结果质量的跟踪评价与反馈机制，重点在课程建设和体育教学实践方面建立培养方案建设标准，在培养过程的具体环节严格落实各项标准指标，突出专业型硕士特色鲜明的培养目标体系。

第二，优化和规范体育专业型硕士申报点建设。各级各类承担体育本科教育的高校热衷于体育硕士专业型学位授予点的申报工作，这体现了各高校对体育专业硕士培养的重视和社会对体育应用型人才的需求。然而，盲目地推行专业型硕士点的申报工作，不利于体育专业型硕士教育的健康发展。各类高校应清醒地认识到体育硕士专业学位研究生教育的办学定位，全面分析体育专业型硕士办学软件和硬件条件，结合学校的体育专业优势和区域体育服务特色，由过去以理论导向的培养方式向应用型培养方式转变，规范体育专业型硕士申报的具体要求，避免规模扩张而忽视了内涵建设。

3. 准确把握体育专业型硕士培养的成长规律

转变过去体育学术型硕士研究生培养的思维惯性，在培养路径上明确区分专业型硕士和学术型硕士，教学过程采用差异化的培养策略。强化和突出校外导师在培养过程中的指导，发挥校外导师在体育职业前沿的特色。在实践培养过程中，校内外导师应密切合作与沟通，以应用性项目和课题为平台，培养体育专业型硕士体育职业能力、体育职业素养和创新创业能力。

4.社会劳动力市场对体育专业型硕士的推动

近年来，我国体育硕士专业学位研究生人才供给在社会或劳动力市场上呈现出体育理论基础扎实但是动手能力和体育职业素养欠缺等特征，无法达到多元化的体育职业对实践能力和应用能力的要求。另外，由于体育专业型硕士研究生教育发展历程相对较短，社会对其的认知相对欠缺，误认为体育专业型硕士仅是过去的在职体育硕士教育，其含金量与学术型硕士差距较大。在实际就业过程中，体育专业型硕士时常受到人才市场的就业歧视。社会劳动力市场的刻板认知和职业特性模糊直接影响体育专业型硕士的生源质量。因此，国家应加大对体育专业型硕士的社会宣传力度，矫正社会对体育专业型硕士的认知偏差，加快实现体育硕士研究生教育结构性调整的目标。

体育高等教育管理部门、体育硕士专业学位研究生培养单位和教师应形成合力，通过加强对体育专业型硕士研究生教育的办学定位、实施差异化的培养路径、提升培养质量，转变社会对体育专业型硕士研究生教育的认知偏差，鼓励具备一定体育职业经历和运动经历的考生报考体育专业型硕士，加强培养过程管理，缩小体育专业型硕士研究生与体育职业人力资本能力结构的差距。诚然，转变社会的认识偏差，归根结底依靠的是体育专业型硕士满足社会需求的程度，依靠的是体育专业型硕士研究生教育满足学生个人职业发展的需求。仅仅依靠国家行政手段对体育专业型硕士研究生教育外延式结构的调整，而非体育专业型硕士内涵式发展，体育专业型硕士研究生教育就失去了发展的意义与价值。综上，促进体育专业型硕士研究生教育利益相关方的合力，加强数量、速度与质量的平衡发展是现阶段的必然要求。

（二）实施质量差异的培养策略，构建高校与市场相互协作的联合培养模式

1.根据生源质量和培养目标，实施差异化培养策略

体育专业型硕士培养高校应深化对不同类型硕士研究生培养策略的认识，加大力度对培养方案、课程建设、校内外导师团队建设和培养质量评价反馈机制的改革和创新，建立独立而权威的第三方体育职业资格认证机制，强化体育职业素

质的培养，实施与学术型体育硕士差异化的培养策略。

（1）差异化培养：体育专业型硕士在培养过程中必须采取不同于传统学术型体育硕士的培养方略。在培养方式上，必须注重对他们实践能力的培养和提高，确保体育专业型硕士培养与行业市场需求接轨。学术型硕士与专业型硕士在培养方略上的差异性体现主要有以下内容：

第一，培养方案具有差异性。学术型硕士培养和专业型硕士培养既存在相似性也存在差异性。在体育专业硕士培养过程中，必须制定彰显体育专业型硕士运用操作能力、体育职业素养以及创新实践能力的培养方案，应在教学模式、评估体系、课程安排以及培养方案目标上独树一帜，不能与学术型硕士培养相混淆。学术型和专业型人才培养共用一套培养方案，那么培养出的人才并无差别，对于体育研究生培养教育结构的调整并无积极作用。由此可以看出，是否制定了符合体育专业硕士培养目标，并区别于传统学术型硕士培养的培养方案是提升体育专业型硕士研究生培养质量的基础。

第二，课程设置具有差异性。体育专业型硕士的培养更加注重对学生基础技能和知识应用于实践的能力的提高。在课程设计环节中，更加凸显实践训练的重要性，同时在考评标准体系中，增加项目实践的比重。通过学校和企业联合培养，把课堂教学和实际训练结合在一起，使得企事业单位在全日制体育专业型硕士培养过程中的参与度更高。通过实际案例教学、项目研究实践、实地调查等方式，将传统的课堂教学模式与职业实践融合在一起，提高体育专业型硕士的培养质量。

第三，导师指导方式具有差异性。导师在对专业型硕士和学术型硕士进行指导的时候，应当体现明显的差异化。对专业型研究生，要以讲授理论知识为基础，以体育技术操作为导向，更加注重知识运用于实践的过程，把学习知识融入具体实践中，直指体育实际问题的解决和职业实践能力的提高。毕业论文的题目应当尽量来源于体育职业实践，强调论文研究成果能够应用于体育行业一线，具备市场价值和应用价值。而对学术型研究生，则更加注重理论知识的研究和体育学科发展方面。

第四，评价标准具有差异性。体育专业型研究生学位论文质量应当以论文是否具有解决实际问题的可转化性为标准，根据事业单位的反馈信息情况来评估人才培养质量。强化体育专业型硕士对体育基础理论知识的运用和创新能力的导向性，要与学术型研究生注重研究潜质挖掘相区别。

（2）加大力度推行体育职业资格认证衔接机制。专业型研究生教育与企业职业资格的契合程度不单单是专业型研究生教育能否适应当前快速发展经济和社会需求的重要标志，也是关乎专业型研究生教育能否在全球化浪潮下实现可持续发展的重要影响因素。在高等教育蓬勃发展的西方发达国家，职业资格认证与专业型研究生教育息息相关，社会和教育部门强调在高层次人才的培养环节中必须突出职业素养和实践能力提高的重要性。职业资格认证机制是区分专业型研究生和学术型研究生的重要依据。在当今全球化和自动化趋势推动下，必然要求高水平应用型人才必须具备国际化的视野、核心职业竞争力、跨文化交际能力，因此体育职业资格认证与体育专业型硕士培养相结合就显得尤为重要。

目前，属于国家体育总局职业技能鉴定指导中心管辖的体育行业国家职业资格证书有社会体育指导员、体育经纪人、体育场地工等三类，社会体育指导员国家职业资格下属体育项目包括健身健美、游泳、跆拳道、乒乓球、攀岩、户外运动、高山探险、体育舞蹈、滑雪等。众多国家职业资格认证的体育项目都是全民健身和群众体育热爱的，但是需要专业体育人士指导的项目。

然而，西方发达国家实行的体育职业资格制度不是直接授权的，而是通过第三方权威机构认证的机制。我国近年来也逐渐学习西方发达国家的发展经验，认证机构分类繁多，按照商业性质、协会性质、健身性质等分类。然而，当前我国的体育职业技能评价体系、评价机制和标准还不够完善，并且第三方认证机构在我国存在的不多，尤其是权威性高的机构更是少之又少，体育内部行业协会也还没有重视与体育硕士专业学位研究生教育培养的联系，学校和资格认证机构还缺乏有效的衔接。而且体育行业培养高级技能体育人才的能力及专业性还不够，体育职业技能体系化培养的能力和衔接性仍有一定程度的滞后。

因此，提倡我国积极完善建立第三方认证机构，承担专业有效的认证体育职业技能资质的重任，使我国的体育职业技能认证更加专业和权威，认证内容更加科学，尤其要重视的是，契合好体育职业技能资格制度与体育专业性硕士培养模式的间隙，让认证机制与体育高等教育的桥梁纽带关系发展得更好。政府相关部门单位，特别是体育部门和人力资源部门要规划好顶层设计，完善配套政策措施，发挥整合力量，为建立权威和完善体育认证机制创造良好的环境。

2. 构建高校与市场相互协作的联合培养模式

《国家中长期教育改革和发展规划纲要（2010—2020年）》明确指出：我国必须紧跟时代步伐，与国际人才培养机制接轨，要把高校和企业的优势相结合，建立健全校企联合人才培养机制。当前我国校企合作共同培养体育专业型硕士研究生依然处于初级阶段，在校企合作的有效性、稳定性、多样性方面存在着诸多问题。建立校企联合体是目前亟待解决的问题，必须通过完善责任权利、法律法规、校企管理机制等措施加以实现。

（1）健全校内外合作联合培养体育专业型硕士的制度体系。21世纪以来，社会对体育人才的需求瞬息万变，体育专业型硕士知识与能力的更新速度也逐渐加快，“校企合作”是保障体育专业型硕士培养质量的必然要求。要实现校企合作在人才培养质量中的作用，必须建立健全相关法律法规和制度建设，明晰校企双方的法律责任，确保学生的相关合法权益，并且要为知识产权撑起一把法律的保护伞，从而为体育专业型硕士的培养构建起一系列的法律框架和制度保障，从而规范校企联合培养模式，促进其可持续发展。

学生合法权益的保障以及校企联合培养的问责权利都应受到相关法律法规的明确制约。我国应制定和修改相关法律法规，明确企业在校企联合培养过程中的主导位置，同时必须明确企业在培养过程中所必须担负的责任和义务。健全的法律法规和合理的制度设计是校企联合培养的基础和支柱，在此基础之上政府应该出台相应的激励政策，鼓励企业承担更多责任，投入更多资源参与到体育专业型硕士人才培养过程中来。减免税收、支持信贷、政策偏向、资金注入等方式是激励企业参与人才培养的积极措施。

（2）搭建行业企业体育职业实践能力培养实践训练平台。专业学位研究生和学术型研究生的不同之处在于，学术型研究生学习范围广泛，侧重于学术研究方面；而专业型研究生则是以某一特定职业为核心，通过学习专门的知识和技能以满足该职业对各方面能力的需求。其人才必须具备能够独立进行体育教学、竞赛组织、体育训练、体育管理的能力，必须满足体育行业对人员在技能性方面的相关要求。培养目标的实现必须以体育和运动实践为基础，忽视了这个基础性问题，必然模糊体育型硕士和学术型硕士的差异性，那么体育专业型硕士也就失去了独立存在的意义和价值。

综合实践能力的培养必须通过体育职业实境或实地的训练。实践训练一方面能通过真实环境的模拟切实增强学生的体育技能素质，另一方面更是为学生营造了一个独特的体育职业实践氛围，让学生在浓厚的实践氛围下逐步提高。理论和实践的统一必须通过接触真实的职业环境，在实际环境中运用所学到的知识和技能解决实际问题，才能有效提高自身的综合素质。在体育专业型硕士研究生的培养过程中，学生体育实践能力的提升是一切问题的核心所在。

（三）构建职业导向的模块课程，加强实践应用教学和师资保障建设

创设体育硕士专业学位研究教育的目的，主要是为培养更多更高层面的体育职业面向的应用型技能人才，将全民健身国家战略的实施推广至更深层次的水平。体育产业、群众体育和学校体育的发展需要体育高等教育培养更多能够学以致用的人才，同时通过教育与实践相结合的方式，加强学生操作性、实践性知识的运用。

1. 建立体育职业需求为导向的模块化课程体系

培养专业的体育应用型人才，特别是高层次、高专业性的体育硕士研究生，必须满足三项基本要求：①适应体育行业的特殊性要求；②培养的层次不同于本专科体育教育；③必须要把体育知识运用在未来体育实际工作中。因此，要打破体育专业型硕士发展的瓶颈，一个重要的环节就是创建适应体育职业需求的、新的模块化课程体系，有效避免与传统的、知识研究方向的课程的同质化现象的产生。首先模块化课程具有灵活性。所谓的灵活性就是要随时满足和适应市场的新需求；第二模块化课程具有针对性。顾名思义，针对性就是指对不同职业规划和不同教育背景下的体育专业型硕士研究生设计制定针对性的教育课程。总结和分析，体育硕士专业学位研究生课程有以下三个维度设计课程体系：体育职业素养模块、体育知识运用模块、创新创业能力模块。

（1）体育职业素养模块。高层次的体育工作者并非普通体育从业人员，要具备的一定的职业素养，这就要求这类工作者应当有强烈的责任心以及社会使命感，同时还要具备相当强的体育专业技能。体育职业素养课程模块应具备引导学生正确价值观走向的功能，能够激发学生学习兴趣，激发学生对体育事业的热爱，并使其通过课程学习，结合日常生活观察和体会，具备展望我国体育事业未来发

展的能力，为体育专业型硕士研究生在今后的体育职业工作中不断提升自己、挑战自己提供精神能量，进而养成良好的学习和研究习惯。体育职业素养课程模块的教学策略设计是为了提升学生接受国内外体育职业发展的新鲜事物和成果的能力以及能够抓住未来体育行业发展新机遇的能力。体育职业素养模块具体的课程内容包含体育哲学与体育伦理、体育学科发展史以及人文社科类课程。培养高校应根据自身学校的特色和具体的情况来实施相应的教学，将体育职业素养的养成贯穿于学生的职业规划。

（2）体育知识运用模块。作为与学术型体育硕士相比较的关键点——体育职业实践的知识和能力，体育专业型硕士更加侧重对体育研究生的体育相关职业实践知识和能力的培育。具体来说，该模块包括体育学科基本知识、体育职业实用技能、体育实践设计与应用。

（3）创新创业模块。该课程模块的主要价值在于塑造以明确的体育职业需求为目标的提高就业能力的体育专业人才。该模块将体育职业规划课作为重点，借此提高职业规划的重要性和体育硕士生对职业规划的认识，并提升资源整合的能力。国内各培养单位对该部分内容的重视程度相对不够，应适度加大体育创新创业课程的课时数量，确立相关课程内容、授课方法、学分设置和课业评判，还要依据具体培养领域的不同来具体编写对应的教学教材。

2. 加强体育实践应用能力培养的教学和师资保障建设

必须落实“双导师”制和“双师型”导师队伍建设，必须不断创新教学和培养模式以适应时代的发展。

（1）加强“双导师”制师资队伍建设。培养体育行业所需求的高质量技能型应用人才，不仅需要理论型导师，还必须具备具有体育职业实践经验的导师。必须建立和完善“双导师”联合培养制度，在培养过程中以校内导师为主导，校外导师为辅助。在实践、论文撰写、体育项目研讨等方面都需要校外导师的参与，并且要吸纳在不同体育行业、不同运动领域具备丰富经验的专家、学者和专业技能型人才共同参与到专业学位研究生的培养过程中来。必须加快体育专业硕士导师队伍的建设，尽快贯彻落实“双导师”培养制度，通过出台相关政策提高导师在培养和项目研究过程中的积极性。

第一，建立健全“双导师”制度。“双导师”制能够将校内外导师的优势有机地整合在一起，在同一起点上发力，共同培养。贯彻落实“双导师”制度，必须通过共同建立实践训练基地、共同承担项目研究任务等方式，加强与企业的交流合作，避免出现校企脱节的现象。

同时，实践平台的创建，能够创造现实条件让校内导师进入体育行业的一线，建立和完善校内导师参与校外企业项目研究的合作机制，让缺乏行业背景和实践的校内导师参与到一线体育行业实践活动中，从而切实提高校内导师的综合实践和体育培养的能力。同时，必须吸纳社会各行业、各领域的专家、学者和专业技术型人才参与到体育专业硕士培养的全过程，必须与高校、研究机构、企业等开展合作，聘请具备丰富实践经验和能力的、拔尖的体育行业企业和科研高校专家作为学生的校外导师。通过这种方式，学生能更快更清晰地了解到体育行业最新的发展动态，并且可以为学生提供真实的实践操作环境，从而可以对学生提出指导，优化培养质量。

第二，加强“双师型”师资队伍建设。“双师型”导师队伍的建立和完善，高校体育专业型硕士导师体育职业背景的加强，是培养过程中的关键一环。在强化校内导师体育职业背景方面，必须通过对教师进行在职培训教育指导的形式，让缺乏体育职业背景的导师明确体育专业硕士与学术型专业硕士在培养模式、培养内容和培养目标理念上的巨大差异。另外，通过革新责任导师绩效评估制度，在评估体系中增加应用性课题研究、体育社会服务等方面在考核中所占的比重，并且通过积极鼓励校内导师在体育行业企业中挂职、增加校外体育横向课题研究等形式强化校内导师的体育职业背景。同时，不断改革创新导师选拔制度，把是否具有体育实践经历或体育职业背景作为导师选拔的一项重要指标。因此，有必要建立健全导师选拔、培养和提升机制，更加注重导师的专业化、技能化、实践化，只有这样才能真正拥有一支专业水平高的“双师型”导师队伍。

（2）创新体育专业型硕士课程教学方法。从宏观上来说，教学是一个师生共同交流、相互促进、相互学习的过程，简言之，教学是教师引导下学生能动地学习知识以获得素质发展的活动。传统的学术型体育研究生和追求实践能力培养的专业型体育研究生在培养模式上有很大的区别。体育专业职业型人才必须具备运用理论知识解决在实践过程上遇到的问题的能力，并且在解决实际问题过程中不断强化自身的实践运用能力，真正做到学以致用。因此有必要革新体育专业硕士的培养模式，拓展学生实践能力，以顺应体育行业对体育技能型人才的需求。

首先，转变理论为主、实践为辅的教学思维模式。在体育专业型硕士人才培养过程中，必须注重对学生发现新问题和解决新问题能力的培养。在体育专业型硕士的课堂教学培养过程中，应当采取适合于体育职业实践技能型人才培养的方式。根据体育专业硕士下属各方向和领域来划分不同的培养模块，并为每一模块匹配相应的教学案例库。通过实际案例的研究，培养解决实际问题的思维模式、执行规程以及相关的注意事项等。在教学过程中，要积极鼓励学生参与小组讨论，大胆思考，大胆质疑，不为权威所动，提出自己解决问题的思想、观点和做法等。这种方式能够让学生对所学知识有一个更加深刻的理解，同时通过交流讨论，开启另外一扇思维的大门，在不同观点的碰撞之下，产生新的思想火花。

其次，要以实践项目为导向，强调在实践中学习。在教学模式方面，要以实践项目参与为基础，引导学生参与到实践项目的各个流程中，让学生对于项目可行性分析与验证、思路设计、实践应用、优化、效果反馈等环节有一个清晰的认识，从而积累解决实际问题的经验。在参与项目研究的过程中，明确行业发展前景、发展趋势，有意识培养和提高自己的团队合作能力、理论运用于实践的能力、解决现实问题的能力。

最后，要通过科技手段革新学习模式。在互联网时代，网上线下课堂成为一种学习知识的新选择。互联网的快速发展为创新课堂培养方式提供了新的思路。教师可以通过在线教学的方式实时跟踪课程学习状态、实践项目进展情况等。在应用型人才培养过程中，理论与实践占据关键的一环。不具备理论知识的实践是盲目而无效的，忽视实践的理论是无用武之地的。在课堂教学形式方面，应当以师生共同讨论为主，教师讲授为辅，通过组建不同专业的实践项目研究团队，提升学生自主学习的积极性、强化学生团队合作和解决实际问题的能力，让学生能在学的过程中获得成就感、幸福感。如果在应用型体育专业硕士培养过程中，依然停留在课堂上教授基础理论知识的层面上，不能通过现代信息技术手段革新课堂教学模式，那么学生的创新能力、解决实际问题的能力不会得到根本的提高，反而有可能会被削弱，从而从根本上不利于提高我国应用型体育技能型人才的核心竞争力。

（四）注重体育职业的素养培育，提升体育专业型硕士综合能力

在当前社会形势下，培养实用型、综合型的高素质体育职业技术人才是对体育专业硕士的培养提出的根本要求。在培养过程中，必须有意识注重学生体育道德、体育职业规范以及社会经济政治发展现状等方面知识的学习和应用，进而提高学生的综合能力素质，这也是学术型研究生和专业型研究生培养差异性的重要体现。随着经济的快速发展，社会需求不断发生变化，体育行业发展更加趋向特殊化、个体化，使得体育实践不仅仅需要满足人们的基本体育运动需求，还必须具备满足和发挥体育经济、体育产业、社会安全等持续发展的功能，这就要求在体育专业型硕士人才培养过程中，更加注重体育职业素养的培养，更加凸显在培养过程中的导向性、目标性作用。体育职业素养的高低是职业核心竞争力的体现，是体育专业硕士人才培养中易忽视的内容，是体育专业硕士人才培养的终极追求。

目前，体育专业硕士培养更倾向于学术研究方面，体育职业素养的培养和提高并未受到相应的重视，这使得我国存在高级体育人才综合素质和实践能力偏低的现象。目前，健全完善的体育专业型硕士培养模式、培养体系还未建立，通过提高体育职业素养使得体育专业硕士的就业质量和就业可雇佣性得以优化和提升。体育职业素养提高是一个漫长的过程，不是一朝一夕能够完成的，它需要在体育实践过程中不断获得新的感悟、新的体会，量变最终会产生质变。

（五）强化评价体系的导向功能，增强体育专业型硕士可雇佣性

1. 强化体育专业硕士培养质量评价体系的导向功能

体育专业型硕士研究生的培养，应当以提高学生体育实践能力为根本，以体育行业实际需求以及行业发展动态为导向，同时在培养过程中必须强化职业道德的提升。同时，科学有效的教学评估标准和顶层设计是落实相关教育政策并确保政策的实施能够取得预估效果的有力保障。

教学评估体系在体育专业硕士人才培养过程中占有举足轻重的地位。科学有效的评价机制对于规范体育硕士的培养方式有着重要的作用。作为一种全新的人才培养模式，它和传统的学术型体育硕士的不同之处在于类型不同、培养方式不同、培养的注重点不同。因此，不能将体育专业硕士培养和传统学术型体育硕士的培养共用一套评价标准。

在评价要素中，需特别关注学生利用课堂所学基础知识和基本技能解决现实问题的能力，不断创新实践评估标准机制，切实保证体育实践项目和体育行业需求之间的吻合度，从而为学生搭建起一个全新的提高实践能力的平台，指引体育专业型硕士以体育行业需求为指导，不断提升自身实践能力，不断提升职业素养；努力探索创新体育职业能力素养的评估方式，将职业能力素养的提高融入体育专业硕士的培养全过程；建立健全效果反馈机制和监察督促机制，积极鼓励体育专业型硕士个人和社会各行业、各领域对培养模式、培养思维等方面提出建议，通过完善监督机制，促进高校在满足社会体育行业职业需求的基础之上，积极参与到体育专业型硕士的培养工作中。

体育专业型硕士的培养在培养质量整体要素的各方面与传统学术型体育硕士有很大的差异，必须建立和完善与应用实践型人才相契合的培养评估标准体系，突出评价标准体系对人才培养的指导功能。比如说，在当前的评价标准体系中，学术论文、著作的发表数量等依然占有很大的比重，忽视实践应用技能方面的重要作用。培养质量标准评估体系，为创新导师评估机制提供了新的思路。同时，在教师职称资格评定过程中，要增加实践型科研成果极其转变应用成果所占的比重，引导老师把学术研究与体育行业实际需求相结合。建立与体育专业硕士培养相适应的教师教学质量评估标准，是提高体育专业硕士培养质量的关键单元，但还必须对实际情况加以验证。在体育专业硕士培养质量评估体系中，要注重对学生实践能力的考核，引导学生有意识、有目的地提高职业能力素养。如果沿用传统的评价标准，将会使得培养效果适得其反。

2. 发挥就业指导部门优势，提升体育专业硕士可雇佣性

就业与创业理论的主要代表是美国帕森斯（Parsons）提出的就业指导理论。广义的就业指导主要是指以相关求职者的发展特点和相关的意愿为主要的前提条件，帮助学生树立一种正确的就业和择业意识，为大家提供选择不同职业、获取更多职业知识的途径，为广大的劳动力市场介绍不同学历的人才；狭义的就业指导主要是提供相关的就业信息，帮助就业者进行就业的选择，主要是作为具体职业和择业者的中介角色。

培养单位在课程内容、教学方式及实践工作体验方面开发体育硕士的可雇佣

性，就业指导部门在其可雇佣性开发方面的作用也不容小觑，而这恰是许多培养单位常常忽略的环节。就业指导部门要根据就业市场、社会环境的变化、体育产业的发展等外部条件的变化不断调整工作特色，扩展其服务内容，更好地为毕业生服务，有效推动毕业生可雇佣性的提高。

高校、受教育者和聘用单位的互动关系一直处于不断变化当中，要求就业指导部门必须加强毕业生技能和能力的培养，提高其可雇佣性。用人单位希望增加对培养单位课程设置、各培养环节的了解，甚至希望能参与培养，以进一步提高人才培养的针对性，使培养的人才更能满足岗位需求。随着研究生收费制度的改革，学生和培养单位之间的关系与性质悄然发生了变化。从经济学角度来说，学生和家长往往会以消费者、顾客的姿态和眼光，对培养单位提出各种更高的要求，更期望其教育投资能有一个理想的回报。面对关系和角色的变化，就业指导部门必须加强与体育硕士用人单位的联系，为体育硕士可雇佣性开发和提高提供良好平台。就业指导部门面临不断发展变化的就业环境和社会关系，对体育硕士可雇佣性开发应该有更多作为的空间。具体来讲，就业指导部门应从院校领导、导师和任课教师、在校体育硕士与毕业体育硕士和用人单位等四个方面着手开展工作，提升体育硕士可雇佣性开发水平。

（1）就业指导部门与培养质量利益相关方的整合。培养单位就业指导部门要助推体育硕士可雇佣性的开发，首先要解决的是思想认识问题，即要梳理所有体育硕士可雇佣性开发的利益相关者，包括指导教师、任课教师、体育硕士研究生、管理层和用人单位等，处理好不同利益相关者对可雇佣性认识的共性和个性、一般和特殊之间的关系。

通过这种一定范围内的讨论和研究，各利益相关方对可雇佣性概念达成了某种共识的前提下，可以开始学校层面的体育硕士可雇佣性开发策略的研制。学校层面的可雇佣性开发，是一项系统工程，需要教学、招生等多部门协调参与。就业指导部门应协调好这些相关部门的开发和发展战略与策略，使开发目标更明确，用力点更加聚焦。另外，每个培养单位的可雇佣性战略都会受其办学历史、办学特色和办学宗旨的影响，因此就业指导部门应考虑到开发战略个性化特点和共性规律，以防各培养单位的开发战略千篇一律，无法体现本单位的办学优势和特色。就业指导部门应向学校各相关部门提供体育硕士个人可雇佣性开发计划，使各相关部门深入了解体育硕士培养目标、开发进展情况，以及其他有关可雇佣性开发的基础信息。这样可能更能促进各相关部门的配合和相互支持，进一步提升体育硕士可雇佣性开发效益。

（2）就业指导部门与导师、任课教师的合作。体育硕士专业领域核心课程学习和导师指导是体育硕士可雇佣性开发的重要路径。相较于体育学术型硕士培养目标和定位在体育学科发展的基础上，体育专业型硕士的目标定位是满足社会对体育人力资本的需求、体育硕士自身成长的需求和学校人才培养目标实现需求等三种需求的统合。体育人力资本需求的分析应重点突出对体育人才市场的信息调研，密切关注瞬息万变的体育人才市场脉动，建立与体育专业型硕士用人单位的沟通机制，关注体育硕士毕业生的就业轨迹，特别是把握体育专业应用技术的前沿发展动态，切实加深对培养目标和社会需求紧密联系的理解。因此，应首先搜集、整理并研判用人单位对体育硕士可雇佣性技能的需求，并能及时准确地传递给导师、任课教师和体育硕士，促进三者对开发目标达成程度有一个清醒而明确的认识，并能及时根据实际情况作出调整和改善。同时，就业指导部门还应为导师、任课教师和体育硕士提供系列可雇佣性的教学资源和信息，为体育硕士可雇佣性开发提供信息资源支持。

鉴于导师和任课教师在体育硕士可雇佣性开发中的重要作用，两者对体育硕士专业学位研究生可雇佣性的理解水平和把握尺度，在一定程度上直接影响着可雇佣性的开发水平和效益。就业指导部门既有较为丰富的信息资源优势，也有丰富的工作经验，应为导师和任课教师提供较为系统的可雇佣性开发的培训和指导，提升他们对体育硕士可雇佣性开发的理论认识高度和深度，以便能正确、有效地指导他们在体育硕士可雇佣性开发中的行为，使可雇佣性开发得以有效进行。

（3）就业指导部门针对体育硕士开展的工作。体育硕士可雇佣性开发的需求是就业指导部门的职责和工作重心，针对在校和毕业体育硕士开展可雇佣性开发工作是就业指导部门工作的重要途径。除了市场的人才需求外，体育硕士自身的成长需求也是可雇佣性开发的目标依据。要了解体育硕士真实的、客观的成长需求，就要走进在校体育硕士的思想深处，发掘体育硕士成长的兴趣点，把体育硕士个体特点、兴趣和职业志向与体育专业硕士课程学习、教学方式改革紧密结合。

首先，就业指导部门应积极为体育硕士提供工作体验机会，这包括勤工助学、校外兼职、假期短工等形式。同时，还应指导体育硕士在工作体验中对照可雇佣性开发标准，不断反思，在反思和体验中提升可雇佣性开发水平。

其次，指导体育硕士做好职业生涯规划。职业生涯规划也叫“职业规划”，有学者也称之为“生涯规划”，具体而言是指对个体职业生涯的内在和外在条件进行客观的分析与总结，并对个体志向、兴趣、优势进行比较和权衡，结合社会变迁和时代需求，指导体育硕士在培养的各阶段，分别做好个人兴趣评估；鉴别性格、能力、价值、技能；进行职业开发和职业调查，缩小职业选择范围；发展与职业相关的人际交往能力、学习能力、专业能力，以及其他综合能力等；做好职业体验总结分析等等。

最后，做好对毕业体育硕士的跟踪调查和指导工作。在体育硕士毕业后，并不意味着就业部门的服务工作就结束了，而是一个新的开始，应做好对其工作状况的跟踪调查和指导。这也是体育硕士可雇佣性开发的重要手段之一。跟踪调查和指导一般以体育硕士毕业后 3 年为一个周期。跟踪调查可以采用问卷、访谈、电话交流、书信等形式搜集毕业生去向、工作现状、对当前工作的满意度、同事及领导对其工作表现的评价等，为培养单位更有针对性地开展体育硕士可雇佣性开发提供有益的参考信息。其主要目的和意义是指导毕业体育硕士更好地适应其选择的工作岗位，还能据此评价毕业体育硕士在学期间的就业指导部门的职业指导的成果，可以得到改善和充实职业指导的第一手资料，为对本校其他学生进行职业指导提供有用的参考信息。

（4）就业指导部门重视对外角色的作用。就业指导部门具有双重角色，对内要为学生和教师提供就业信息服务，对外要面向用人单位及劳动力市场。随着体育硕士就业环境和就业形势的变化，就业指导部门更需重视其外部角色的作用，扩展其工作的深度和广度，为高校体育硕士就业提供更有力的支持。在某种意义上，也是培养单位办学空间的拓展和延伸。

加强培养院校与用人单位之间的合作对体育硕士可雇佣性的开发有着重要价值和深远意义。就业指导部门为了给体育硕士提供更多的工作实习机会，就要开拓各种渠道与企业建立良好的合作关系。这要求就业指导部门的工作人员要具备较强的营销能力，动员用人单位积极为体育硕士提供多种基于工作的学习机会，让体育硕士在实际工作中有效提升可雇佣性。由于社会对专业学位研究生认识的匮乏以及培养院校与外部机构联系的不足，进而也影响到毕业生的出路。

就业指导部门代表培养院校与用人单位进行沟通、宣传，在一定程度上就是培养单位的窗口，是培养单位的形象代言人，关系到用人单位对学校、对体育硕士的认识和认可。因此，就业指导部门人员需要有较高的素质，较高的责任感，在开展对外交流方面树立起学校的良好形象，这对于体育硕士毕业生就业是一个有利的隐形因素。

第二节　“互联网 +”时代网络技术对体育硕士研究生教学的影响探究

一、网络技术与高校体育研究生教学

网络技术运用于高校体育硕士研究生教学中，是根据教学目标设计表现特定的教学内容，反映一定教学策略的教学程序，它可以存储、传递和处理教学信息，能让研究生进行交互操作，并能对研究生的学习情况作出反馈评价的教学媒体。用网络技术准确、直观、形象地演示教学过程，可以引发学生主动学习，激发创造思维，掌握新知识，提高教学效率，突破重点难点，提高教学质量。网络技术与体育教学都不是单独存在的个体，而是与其他学科息息相关的一门学问，二者的融合从某种程度上来说是现代教育的发展趋势，融合得越好，教育的质量也就越好。但是从教学本身来讲，教与学是一个相互影响的过程，教与学的融合好坏直接关系到网络技术与教学的融合。所以提高教学质量是促进二者融合的关键因素。①

网络技术是辅助教学的重要手段。体育硕士研究生教学是在导师和学生的共同参与下，采取符合教学任务的方法，指导、激励学生积极主动学习体育知识，

① 曾中镛 . 网络技术对高等院校体育研究生教学的影响研究 [D]. 长沙：湖南师范大学，2012：8–24.

掌握运动技术、技能和锻炼方法，增强体质，培养良好的思想品德的一个有组织、有计划的教育过程。体育教学是学生的认识活动，具有学生认识活动的一般特征。由于体育这门学科技术性强，体育教学又有它自身的特点，认识和掌握这些特点，才能遵循认识的一般规律和体育教学的特殊规律，严密组织教学，提高教学质量。

网络技术应用于高校体育研究生课堂，将文字、图片、声音、动画有机结合起来呈现在学生面前，使学生处于兴奋状态，思维活跃。例如：跳高的教学过程，其教学困难是教师示范动作过快，不能做分解动作，并且示范次数有限，不能让每名学生都观察仔细，学会技术动作。如何把这一整套的动作分解再现，使其细节动作清晰准确地呈现在学生面前，使他们很快掌握这一动作技术，这就需要运用教学视频进行授课，避免上述所说的问题。通过多媒体课件直接播放给学生观看，已经掌握好动作要领的学生可以先进行练习，没掌握的学生可以反复播放动作的教学视频片段，这种方法重难点体现得十分明显，用特定的声音图像标示，提醒学生注意，很形象地解决了重点、难点，让学生直观、主动、全面地掌握了技术动作，丰富了课堂，提高了教学质量。

二、网络技术的运用对高校体育教师教育的影响

高校体育教师作为专门的教育者，在教育实践活动中有着特殊的权力——教育自由权。过去的研究生教学中，教师的教育自由权包括四个方面：教材的选用权、课程实施计划的制定权、教学形式和教学方法的运用权、评价手段使用权。高校体育教师在行使教师权力的时候，教师是作为社会的代表，往往向学生传递的是社会的知识和价值观，用社会的“标尺”衡量学生，尽管硕士研究生已经不同于普通的学生，但是在教师的思想观念里，研究生的主要任务是辅助导师。

因此，即使教师非常了解授课内容的最佳教学方式，了解什么是学生学习的最佳方式，教师也有可能愿意兼顾学生的学习兴趣，但这终究不是学生自己的选择，而且这种选择也很难适合每一位学生。但是网络技术运用于体育硕士研究生教育，高校教师享有的权力有了不同于以往的内涵。高校体育教师可以依靠网络技术在更广泛的基础上选择课程教材，还可以制订周详的教学计划和选用最佳的教学方法，高校教师的教学计划制订要根据研究生的信息反馈而不断调整。

（一）教学方式的选择

通过调查可以得知，高校体育硕士研究生导师在教学方式的选择上，最常用的是讲授式、传授式、理论研究式，而研讨式、讲习式、研究式、自学式、激励式等方法不是经常使用。根据查阅大量文献，得知高校体育研究生对传统的教学方式已经逐渐失去兴趣，而对研讨式等方式产生了浓厚的兴趣。所以在网络技术飞速发展的今天，高校体育教师应根据教学内容与教学任务的需要，合理地选择和应用网络技术进行组合教学，其有利于学生的认知建构，促进学生认知能力的发展，保证取得良好的教学效果。网络技术是连接教与学双方的纽带和桥梁，是实现高校体育硕士研究生教学的重要方法。体育硕士研究生也是求知者，他们对枯燥的理论教学不感兴趣，只注重实践教学。兴趣是学生学习最好的老师。所以说，高校体育研究生导师应合理地选择和应用网络技术进行组合式教学，将原本枯燥无味的纯理论知识变成生动形象的教学方式。

（二）自身角色的转变

高校体育教师对自身的角色定位如下：学生学习的促进者和指导者、学生身心发展的促进者、学校建设与管理的参与者、协作者、学习者以及科学研究的创新者。大多数教师在教学中将自己的角色定位为：学生身心发展的促进者、学生的学习指导者和促进者、科学研究的创新者与学习者。

网络技术在高等院校体育教学中的应用促使以高校教师为中心的弱化。传统高校体育硕士研究生教学模式，高校教师始终处于主导甚至是主体位置。高等院校体育硕士研究生利用网络进行学习，与传统课程相比特色鲜明；课程的内容不是由专家学者编写的教材，而是师生在交互过程中共同生成的。网络教学的这个特点决定了高校教师在课程中要扮演信息的咨询者、情感的支持者、学习的参与者、课程教学的组织者的角色。另外，网络教学的异步性也决定了教师的职权不单单是停留在课堂上，高校体育教师在课余体育指导上应进一步拓宽自己的职责。高校体育研究生和导师的见面时间本来就不多，如研究生课后需要导师答疑，高校体育教师可以利用网络教学素材的开发，使用远程教学、QQ 聊天、发送邮件等方式为学生解答，而这些工作都要求高校教师能及时转换自己的角色。

三、网络技术对我国高等院校体育研究生的影响

网络技术的应用对高等院校体育硕士研究生的体育学习理念、观念、学习态度、学习环境影响比较大；对高校体育教师的观念转变产生了一定的影响；在师生关系方面更是有着巨大的影响；在组织与管理高校体育研究生方面，网络技术起步比较早，并已经形成了固定的格局。

高校体育研究生的学习理念不同于高中生或者普通大学生，通过调查发现，体育研究生的学习理念不是停留在知识的获取上，而是体现在个性的发展上，其中学会做人、学会学习、学会做事所占的比重超过了50%。

（一）高校体育研究生的学习理念

网络环境下，高校体育硕士研究生获得知识与信息的速度越来越迅速、时间越来越短、空间越来越宽广，这就要求不断地学习、吸纳新知识、新技术，不断地转变自己的学习理念、提高自身的学习能力，才能跟得上科学技术不断更新的脚步。调查结果也表明，网络技术在高等体育学院教学中的运用对体院学生的学习理念产生的影响很大。常规的体育硕士研究生教学，体育硕士研究生总是以为自己的专业水平已经不需要提高或者说是没有提高的必要，而应该仅仅抓理论学习，或者是忽略了理论的学习，而是一味地强调实践，实践与理论永远达不到统一，其实这种观念是错误的。网络技术的植入，对提高体育研究生专业或者理论水平是很有帮助的，比如，一些直观的比赛战术运用，教师根本无法用常规的教学来阐述，这时候就需要运用网络资源，运用网络上的教学视频等等，让学生观看，教学讲解，这样的学习方式既提高了学习质量，又促进了能力的提升。所以说，时代在发展，体育硕士研究生的教学也不应该只是进行科研和训练这么简单，而应从实际问题出发，运用切实可行的手段解决当前的教学困难。

（二）学生的学习态度

常规条件下，高校体育研究生完整的学习态度由情感、认知和行为三个方面构成，也就是情商。在网络技术不断运用于高校体育硕士研究生教学的大前提下，高等院校体育研究生学生的认知水平、情感认识能力和行为能力发生了根本的变化，有了很大的提升，如网络技术将全球的各种知识与信息汇聚在一起，学生通过浏览各种网页获取更多的与自己兴趣相关的专业知识及信息，提高综合能力水

平；通过电子邮件、论坛与同学、朋友、老师交流，将自己通过各种网页、视频短片获得的新的专业知识与旧的知识融合在一起。所以说，网络技术在高校体育硕士研究生教学中的运用影响着研究生的情感、认知水平和行为，改变着研究生们的学习态度。

（三）学生的学习环境

学习环境不是外在于学生的客体，而是与学生学习过程中的经验融为一体的实践环境。在网络技术的指导、运用下，网络技术将内容整合融入学习环境的各项条件中，形成一种新型的学习环境（媒介环境）。通过笔者走访调查发现，媒介环境是求学者在其中进行自主学习与自由探索的场所，它与传统教育有着本质的区别，对于高等院校体育硕士研究生而言，学习的环节不仅仅是主动的过程，更是积极向上的过程，体育硕士研究生在这个过程中不仅得到了高校教师的支持与帮助，而且学生相互之间也可以相互协同合作；媒介环境是一个支持和促进学习的环境，也是支持学生进行学习的各种学习资源的集结地。

四、网络技术对师生关系的影响

（一）网络技术下师生交往的主要手段

师生之间最常用的交流方式是电话、信息以及 QQ 聊天、邮件，经常采用见面会谈的方式进行师生交流的只占到少部分。由此可以得知，在网络技术下，师生之间的交往方式出现了多元化的特点，但是最常用的交往方式是便捷的聊天工具，而对见面谈话这一方式已经不是经常使用了，在远程教学这一尖端的领域上，师生们做得还不够。

（二）网络技术下师生交往的特点

（1）关系的平等性。网络背景下高校师生交往关系更趋于平等。这主要因为在传统的教育体系中，高校教师代表社会对学生施加符合社会要求的影响，高校教师是被定位在“师长”的位置上，而对研究生来说，教师是权威的，而且有的硕士研究生的年龄和有的高校教师年龄也差不多。师生交往也许会因教师的民主意识强弱而在师生交往中体现出程度不同的民主性，但结果不是平等的。网络技术逐渐运用于高等体育研究生教育，使得高校体育教师逐渐从知识的传授者转变为学生学习的组织者和辅导者，成为研究生的学习顾问和指路人。

（2）场景的异时空性。网络带人们走向学校，网络时代走向人们。网络的“在线空间”基本上使跨地域的同步交换信息或异步交换信息成为可能；现代网络技术提供了多主体共享的沟通形式，既可以两个主体互相交流，又可以进行多主体的大众化交流。这就使得师生的交往不再受时空的限制。

（3）方式的间接性。网络背景下的师生交往具有间接性。师生之间人机交往的媒介体现了多样性，包括图像、符号、数字等，语言只是其中的一种，这样高校师生之间的交往就不一定是面对面的直接交往，而体现出间接性的特点。比如，导师组织研究生开会，而研究生有的在工作，有的不在学校，很好的一个解决办法就是视频会议，这样既节省了时间，提高了效率，又充分发挥了网络资源的优势。

（三）网络技术下师生关系的转变

1. 转变思想观念

网络技术的飞速发展给人们带来了全新的教育方式，面对如此大的挑战与机遇，高校体育教师如何适应新媒体、使用新技术，利用科技兴教，转变高校体育教师的教育理念是关键。先确立新的教育目标观念。设立目标是高等教育的一个核心问题。这是 21 世纪以知识为基础的经济的发展对教育提出的新要求。体育研究生不单单只会实践或者只会科研，更重要的是能独当一面。同时，创新教育追求发展学生的独特才能，赋予其不重复前人的崭新的人文本质。这要求高校体育研究生教师围绕这一宗旨而认真努力转变“教育观”，面向所有的求知者并且认同每一个体的创造性，鼓励研究生们持有不同的意见，培养其思维的多向性与批判性等等。更重要的是培养他们的综合能力，如学习力、创造力等等，以更好地促使他们更为全面地自我发展。这也需要高校教师努力转变其教育思想，更新教育观念，跟上时代的节奏。

2. 树立师生观念

要转变传统教育中的专制型师生观，建构教学双重主体之间的相互尊重、相互信任以及相互理解的新型平等、民主、合作的关系。在网络技术的运用下，尤其是在网络迅速发展的今天，师生之间是平等的关系，而在网络技术的不断发展下，人们对网络的拥有和支配权是平等的，研究生已经成年，都会独立地思考，自主地解决部分问题，可以对导师的某些观点提出质疑，可以利用现代化的教学设备进行实验以求证自己的假设，可以在论坛上畅谈自己的观点，可以与导师进行交谈。

3. 教师教育技术观念的转变

高校体育教师的态度直接影响到网络技术的应用以及教师角色的转换，如今的网络信息技术飞速发展，其运用到体育教学中的频率不断加快。网络技术运用于教育上，在高校教师中基本上只有两种倾向：一种是技术恐惧症，有的高校体育教师认为网络技术高不可攀，不太注重新技术的应用，尤其是对于网络技术的应用就更不关心了。另一种是高校体育研究生教师认为这些先进的教学设备都不利于他们个体的发挥。上述所说都不利于高校体育研究生教师角色的转变。高等院校的教师作为高级知识分子，应该以开放的心态去迎接新时代对自身角色的挑战。

参考文献

一、著作类

[1] 李海生，魏中龙 .O2O：现代商业模式的变革与创新 [M]. 北京：中国财富出版社，2017.

[2] 史振瑞 . 移动健康和智慧体育：互联网 + 下的高校体育革命 [M]. 天津：天津社会科学院出版社，2018.

[3] 王晨，刘男 . 互联网 + 教育：移动互联网时代的教育大变革 [M]. 北京：中国经济出版社，2015.

[4] 易凌云 . 互联网教育与教育变革 [M]. 福州：福建教育出版社，2018.

二、期刊类

[1] 卞伯高，刘刚，马少辉 .O2O 模式下我国体育产业发展解析 [J]. 广州体育学院学报，2019，39（5）：45–49.

[2] 曾中镛 . 网络技术对高等院校体育研究生教学的影响研究 [D]. 长沙：湖南师范大学，2012：8–24.

[3] 陈天霞，张惠芹，胡学龙 . 互联网 + 时代高校公共体育实验室建设与教学改革 [J]. 实验技术与管理，2016，33（6）：233–235.

[4] 窦丽，陈华卫，钱澄 . 高校“智慧体育课堂”的价值与模式研究 [J]. 体育文化导刊，2018（11）：136–140，146.

[5] 韩新功 . 基于互联网 + 环境下的大学体育实验室教学探究 [J]. 实验室研究与探索，2017，36（7）：269–272.

[6] 胡乔，彭彦铭，陈强，等 . 体育学硕士研究生教育满意度调查研究 [J]. 武汉体育学院学报，2014，48（3）：87–91.

[7] 黄伟 . 多媒体融合时代下河南省体育学硕士研究生知识储备研究 [D]. 郑州：郑州大学，2014：12–45.

[8] 姜玉红 . 移动互联网场景下的高校体育教学改革研究 [J]. 西南师范大学学

报（自然科学版），2018，43（12）：178–184.

[9] 蒋菠，黄巾，赵波．我国体育硕士专业学位研究生教育的问题与改革 [J]. 体育学刊，2017，24（5）：111–115.

[10] 荆雯，李洋，刘元国．"互联网＋教育"背景下泛在化新型体育学习模式研究 [J]. 体育学刊，2019，26（1）：120–124.

[11] 冷超，李大威．"互联网＋体育"教学模式改革与实践 [J]. 继续教育研究，2018（8）：124–128.

[12] 李波，薛雨平．社会学视角下体育硕士研究生课程构建的再审视——兼论综合性大学体育硕士研究生课程构建 [J]. 山东体育学院学报，2010，26（11）：77–83.

[13] 李军靠，丁一鑫，乔刚．"互联网＋"环境下硕士研究生教育导生学习共同体构建 [J]. 研究生教育研究，2020（4）：41–46.

[14] 李长春．新时期高校体育信息化教学探究——评《现代体育教学改革与信息化发展研究》[J]. 中国科技论文，2019，14（12）：6.

[15] 刘成，陈卓儒．全日制体育硕士专业学位研究生招生选拔制度研究 [J]. 广州体育学院学报，2018，38（6）：118–121.

[16] 刘聪，彭贻海．信息化时代高校体育理论教学研究——评《信息化时代体育教学思维转变及其改革发展探索》[J]. 中国科技论文，2019，14（12）：7.

[17] 刘敏，张欣艺，赵银．硕士研究生成就动机与生活满意度：人际归因的中介效应 [J]. 学位与研究生教育，2019（11）：50–55.

[18] 刘扬．"互联网＋"背景下中职学校体育教学方法研究 [D]. 武汉：湖北工业大学，2017：18–36.

[19] 陆阿明．体育学科硕士研究生创新能力缺失分析与对策 [J]. 南京体育学院学报（社会科学版），2014，28（3）：77–80.

[20] 马光，张云龙，陆燕．全日制体育硕士研究生课程设置研究 [J]. 体育文化导刊，2012（3）：108–111.

[21] 孟欣欣．"互联网＋"时代基于 O2O 的云南省高校体育教学模式研究 [J]. 亚太教育，2016（07）：115.

[22] 孟泽．基于"互联网＋"的上海市普通高校学生体育素养培养策略研究 [D].

上海：上海交通大学，2018：30–36.

[23] 生守程 . 移动互联网媒介下体育教学语境的多模态研究 [D]. 曲阜：曲阜师范大学，2019：8–22.

[24] 宋晓芬，崔丙刚 ."互联网 +"背景下体育 O2O 的现状与发展路径研究 [J]. 湖北体育科技，2016，35（10）：865–868.

[25] 孙锋，孙春 ."互联网 +"下混合式教学对大学体育教师专业发展的影响调查 [J]. 中国成人教育，2019（15）：86–89.

[26] 王广磊，李晓静，宋旭，等 . 信息化背景下大学体育教学方式变革研究 [J]. 山东体育学院学报，2018，34（1）：134–136.

[27] 王思明 ."互联网 +"背景下高等体育院校创新创业教育的产教融合路径研究 [J]. 广州体育学院学报，2019，39（4）：125–128.

[28] 向静，吴智聪，何飞雄 . 基于 O2O 模式的体育赛事市场化推广策略 [J]. 广州体育学院学报，2019，39（4）：36–39.

[29] 肖尔盾 ."互联网 +"背景下高校体育教学混合学习模式探索 [J]. 中国电化教育，2017（10）：123–129.

[30] 杨献南，王骏昇，尹玉辉 . 我国体育学硕士研究生人力资本贬值及其应对研究 [J]. 南京体育学院学报（社会科学版），2015（5）：88–94.

[31] 张会敏 . 体育产业中的 O2O 模式研究 [J]. 体育文化导刊，2017（3）：123–126.

[32] 张文才，何敏学 .O2O 教学模式应用于体育教学的本质与模式建构 [J]. 教学与管理，2020（03）：86–88.

[33] 张岩 . 互联网条件下的体育教学模式 [J]. 中小学教师培训，2003，（10）：58.

[34] 赵咏梅 ."互联网 +"背景下体育在线教育平台使用现状及对策研究 [J]. 大众标准化，2020（14）：136–137.

[35] 钟远绩，姚蕾，刘年伟 . 体育硕士研究生创新能力研究 [J]. 体育文化导刊，2017（4）：146–150.

[36] 钟远绩 . 体育硕士专业学位研究生培养质量评价与提升策略研究 [D]. 北京：北京体育大学，2019：34–135.

[37] 周凰，古雅辉，刘昕 .“互联网 + 教育”进程中体育教师专业发展的机遇与挑战 [J]. 沈阳体育学院学报，2018，37（6）：125–131.

[38] 周建社，李艳翎，陶成武 . 体育硕士研究生培养目标探讨 [J]. 体育文化导刊，2011（6）：96–99.